心理学の世界　基礎編　9

パーソナリティ心理学
自己の探究と人間性の理解

杉山憲司・松田英子共著

培風館

本書の無断複写は，著作権法上での例外を除き，禁じられています。
本書を複写される場合は，その都度当社の許諾を得てください。

「心理学の世界」へのご案内

このシリーズ 35 巻は，現代人の心理学に対するさまざまな期待や要望に，できるだけきめ細かく，適切に応えようとして企画されたものです。

現代の社会は複雑かつ急速に変化するようになり，いわゆるバーチャル空間の影響も加わって，人心のあり方がこれまでになく多様化し，相互理解が難しくなってきています。予想もしなかったような事故や犯罪が続発するようになって，誰もが人間の心のはたらき方に，疑問や関心を抱かざるをえなくなってきた感があります。

一方，そうした疑問・関心になんらかの答えを用意すべき心理学はというと，過去 1 世紀のあいだに多様な領域に分化して発展しており，その成果を適切なバランスで把握することが，非常に難しくなっています。関心を抱く人々の側の要求も予備知識も多様であることを考え合わせ，このシリーズでは，ねらいの異なる 3 つのグループに区分けして，編集することにしました。

第 1 のグループは「教養編」5 巻です。これは心理学というのはどんな学問か，とにかく気楽に，楽しく勉強してみたいと考えている読者を対象に，心理学の興味深い側面を紹介して，より組織的な学習への橋渡しをしようとするグループです。

1. **心理学の切り口**　森正義彦 編著／藤永 保・海保博之・松原達哉・織田正美・繁桝算男 著
2. **認知と学習の心理学**　海保博之 著
3. **発達と教育の心理学**　麻生 武 著
4. **人間関係の心理学**　齊藤 勇 著
5. **パーソナリティと臨床の心理学**　杉浦義典・丹野義彦 著

第2のグループは「基礎編」12巻です。これは学部レベルで開講される各種心理学の講義の受講者，心理学関係の資格試験を受験しようとする学習者を対象に，各分野の代表的な理論的・経験的研究を適度の詳しさで解説するグループです。心理学の標準的な領域・知識を網羅し，各種心理学試験の受験に必要となる大学学部レベルの基礎学力を養成することを，主目標としています。

1.	**心理学研究法**	森正義彦・篠原弘章 著
2.	**学習心理学**	森 敏昭・岡 直樹・中條和光 著
3.	**認知心理学**	太田信夫・邑本俊亮・永井淳一 著
4.	**知覚心理学**	佐藤隆夫 著
5.	**発達心理学**	無藤 隆・若本純子・小保方晶子 著
6.	**教育心理学**	新井邦二郎・濱口佳和・佐藤 純 著
7.	**社会心理学**	堀毛一也・竹村和久・小川一美 著
8.	**臨床心理学**	鑪 幹八郎・川畑直人 著
9.	**パーソナリティ心理学**	杉山憲司・松田英子 著
10.	**組織心理学**	古川久敬 著
11.	**感情心理学**	遠藤利彦 著
12.	**生理心理学**	堀 忠雄 著

第3のグループは「専門編」18巻です。これは基礎知識を習得した上で，より専門的知識を深めようとする心理学専攻の学部学生や大学院生，ひととおりの予備知識を背景に，興味を抱いた分野のより高度な知識を得ようとする一般読者を対象に，最新の研究成果や特化したテーマについての詳細な知識を紹介するシリーズです。

1.	**健康心理学**	織田正美・津田 彰・橋本 空 著
2.	**老年心理学**	原 千恵子・中島智子 著
3.	**カウンセリング心理学**	松原達哉・松原由枝・宮崎圭子 著
4.	**犯罪心理学**	大渕憲一 著
5.	**ジェンダーの心理学**	鈴木淳子・柏木惠子 著

6. **産業心理学**　　宮城まり子 著
7. **リスクの心理学**　　土田昭司・中村隆宏・元吉忠寛 著
8. **スポーツ心理学**　　中込四郎・山本裕二・伊藤豊彦 著
9. **文化心理学**　　増田貴彦・山岸俊男 著
10. **進化心理学**　　平石 界 著
11. **経済心理学**　　竹村和久 著
12. **法と倫理の心理学**　　仲 真紀子 著
13. **アセスメントの心理学**　　橋本忠行・佐々木玲仁・島田 修 著
14. **計量心理学**　　岡本安晴 著
15. **心理統計学**　　繁桝算男・大森拓哉・橋本貴充 著
16. **数理心理学**　　吉野諒三・千野直仁・山岸侯彦 著
17. **神経心理学**　　河内十郎 著
18. **遺伝と環境の心理学**　　安藤寿康 著

　現在，日本の心理学界では，心理学関係の各種資格制度をより信頼性の高いものに改変しようと検討を重ねています。このような折，本シリーズは，

① これまでの心理学研究の主要な成果をまとめること
② 心理学という視点からいまという時代をとらえること
③ 時代の要請や問題に応え，未来に向けての示唆・指針を提供すること

をめざすものです。

　これらの目標を「質とまとまりのよさ」という点からも満足できる水準で達成するために，各分野で定評のある代表的な研究者に執筆を依頼するとともに，各書目ごとの執筆者数をできるだけ抑える方針を採用しました。さらに，監修者会議を頻繁に開き，各巻の執筆者とのコミュニケーションを密にして，シリーズ全体としてのバランスと統合性にも配慮しました。

この心理学書シリーズが，より多くの読者に親しまれ，関心と期待に応える形で結晶することを，心から願っております。また，このシリーズの企画実現に機会をくださった，培風館の山本 格社長をはじめ同社編集部のみなさん，なかんずく企画から編集・校正など出版に至る過程の実質的なプロモーターとしてご尽力くださった小林弘昌氏に，紙面を借りて厚く御礼申し上げます。

      監修者
        森正 義彦   松原 達哉
        織田 正美   繁桝 算男

はじめに

　パーソナリティ心理学は，個性といわれる多様性や個人差を研究対象とする特徴に加えて，次のことがいえる。

　（1）人間性をいかに捉えるか。すなわち，人間性のモデルないし中核概念そのものが研究対象である。ここにはフロイト（Freud, S.）やロジャーズ（Rogers, C.R.）を始め，パーソナリティ研究の碩学達が居並ぶ。さらには，人間性は総合的・統合的に人間を全体として捉える必要がある（McAdams, 2006；北村，2001）。しかし，自然科学を範とした科学的伝統にあって，歴史性／一回性を生きる人間はいかにして科学的に研究できるのか。人間は生物であり，意識（認知）があり，状況／場面や時代といわれる特定の時空間で生活し行動している。

　（2）多様性・個人差はすべての心理学の共通テーマである。その意味でパーソナリティ心理学は心理学諸分野のクロスロード（十字路）に位置する（杉山，2004）。しかし多様性・個人差は誤差として扱われることも多く，研究上の位置づけとしての性格は原因（独立）変数にも，結果（従属）変数にも，調整（媒介）変数としても扱われている。

　（3）パーソナリティ研究は心理学諸分野に止まらず，ヒューマン・サイエンス（human sciences）といわれる社会学・人類学・生物学等の隣接諸科学との共同研究，さらには連携・融合を必要として

いる。例えば，進化心理学や人間行動遺伝学の知見の取り入れ，脳科学と認知科学の連携による認知過程と対応する脳部位の非侵襲的画像解析はその一例である。

（4）性格検査はビッグ5（性格の5大特性）が基準になりつつあるが，知能検査はIQや偏差値を1つの値（一般g因子）に集約することで，能力の序列化の問題を抱えている。しかし，多重知能理論に基づく独立した複数の知能検査の開発や，知能検査とは異なり正答が多数あるか，問の立て方を問題にする創造性（発散的思考）が重視されるようになれば事態は変わるであろう。これらが能力観や教育に及ぼす影響は少なくないであろう。

（5）心理テストは莫大な数に上るが，古典的テスト理論に基づく性格検査が大半である。他方，漢検や情報検定等は新しい項目反応理論に基づいて開発されている。項目反応理論による性格検査の開発が進めば，コンピュータ利用テストとして，先行問題への回答に基づいて，次の項目を自由に組み替えられ，テスト受検者の負担軽減や屋上屋を重ねるテスト開発の現状も改善されよう（ただし，これは臨床における事例研究のデータベース作成と等しく，さまざまな課題をクリアする必要がある）。

（6）新しい性格理論やテスト理論に基づくテスト開発も必要で，すでに始まっている。例えば，各種障害への耐性（tolerance）に関わるレジリエンス（resilience; 回復力）やフラリッシュ（flourish; 元気感・躍動感）の測定に関連した研究。クロニンジャー（Cloninger, C. R.）理論に基づく精神疾患の診断・投薬判断・意識の方向性への関与等の一連の体系的な疾患対処法の開発（心理学者と精神医学者との連携が必要）。他の研究目的と平行して取りあえず性格検査する場合の最小項目スクリーニング性格検査の開発等が考えられる。

はじめに

（7）性格形成の視点からは自分自身を含めて，4つの要因がある。人は白紙ではなく，「気質」という初期値を持って生まれてくる。そこで，個性を持った親ないしアロマザー（allomother）といわれる母親以外の「養育者」によって，特定の「養育環境」で育てられる。さらに，子は早くから好き嫌いや得意不得意があって，すなわち「自己」が活躍の場を選んでいる。これらの要因は独立というより相互作用している。

　本書はシリーズの「基礎編」に位置づけられているので，次の3点を念頭において執筆した。①幅広くパーソナリティ研究の基礎と到達点までを紹介する。②パーソナリティの知識や利用スキルだけでなく，パーソナリティが関わる現代の諸課題を一緒に考えていきたい（研究は進歩し，理論は日常生活で確かめられ，改良する必要がある）。③パーソナリティ研究の応用・展開場面として臨床，家庭生活，仕事を含む社会生活を想定している。

　研究テーマを決める際にはリサーチ・クエスチョン，すなわち，最初の問いかけとしての解かれていない謎や決着のついていない具体的な問題意識が研究者には問われる。これには結構頭を悩ますし，その後の研究成果や応用展開までも左右する。学生の頃の筆者はパーソナリティ研究に際して，①自分（自己）と他者の違いは何で，その手がかりは何か（測定できるのか）？　②自分と親しい友だちの考え方や行動を予測して，日常に活かしたい。③自分とは（自己概念）何者で，どこに行こうとしているのか（自己は変容し，自己制御できるのか）？　④個性を生かすとはどういうことか，どう対処できるのか？　⑤幸福な人生ないし幸福感（well-being）は何によって得られるのか？　お金と関係するのか？　などと考えていたように思う。

パーソナリティに対して皆さんはどんな問いや意見をお持ちだろうか？本書を通じて発展著しいパーソナリティ心理学の基礎と最新の知見を紹介し，できるだけ公平・公正にパーソナリティ研究の未来へと導きたい。

2016 年 7 月

著者を代表して

杉山 憲司

目　次

1章　パーソナリティ心理学へのオリエンテーション　1

研究史の素描と現代・未来への課題
- 1-1　パーソナリティは人間性のモデル：構成要素と定義　1
- 1-2　パーソナリティのビッグセオリーの特徴　4
- 1-3　性格・知能・適性検査で何が，どこまでわかるか　7
- 1-4　現象説明での性格(個人差)の役割：
　　　臨床と犯罪を例として　9
- 1-5　健康と well-being に及ぼす性格や個性の意味　11
- 1-6　性格や個性は心理学の研究だけか：
　　　隣接／他領域との連携　13
- 1-7　根本的変化に開かれていること：学問とイノベーション　15

2章　パーソナリティ心理学の研究法　19

研究方法・道具・技法
- 2-1　健康モデル　対　病理モデル　19
- 2-2　法則定立的接近　対　個性記述的接近　24
- 2-3　調査・検査研究　対　事例研究　26
- 2-4　観察法　対　面接法　29
- 2-5　投　映　法　35
- 2-6　作業検査法　40
- 2-7　研　究　倫　理　43

3章　代表的な伝統的パーソナリティ論　47

パーソナリティのビッグセオリーをたどる
- 3-1　生理・行動論　47
- 3-2　動　機　論　53

3-3　特 性 論　59
　3-4　類 型 論　61
　3-5　現象学的自己論　65
　3-6　認 知 論　68
　3-7　諸理論の間の関係　72

4章　現代心理学からのパーソナリティ心理学へのインパクト

遺伝環境の要因分離，探索型研究，脳科学の進展　75

　4-1　人間行動遺伝学：遺伝要因と環境要因の分離　75
　4-2　進化心理学：仮説や理論生成を目的とした探索型研究　81
　4-3　認知考古学，認知神経科学，そして脳イメージング法など　88

5章　パーソナリティ検査　95

テストの標準化，検査者の責任と倫理，検査の課題

　5-1　心理検査の標準化と尺度構成　95
　5-2　知能検査と性格検査等の紹介と特徴　101
　5-3　検査者の倫理　106
　5-4　どんな検査が必要とされているか――課題と論点　107

6章　パーソナリティ心理学と隣接領域　111

パーソナリティ心理学とその他の心理学のクロスワード

　6-1　パーソナリティ心理学と臨床心理学　111
　6-2　パーソナリティ心理学と犯罪・非行心理学　121
　6-3　パーソナリティ心理学と人間関係の心理学　124
　6-4　パーソナリティ心理学と発達心理学　130
　6-5　パーソナリティ心理学と健康　135

7章 パーソナリティ心理学と他学問とのコラボレーション

パーソナリティ心理学の学際領域　　　　　　　　　　　　　　**139**

7-1　パーソナリティ心理学と文化　　139
7-2　パーソナリティ心理学と脳科学　　142
7-3　精神病理学　　144
7-4　精神医学の現在　　148
7-5　パーソナリティ障害　　151

8章 パーソナリティ心理学の統合に向けて　　　　　　159

分析レベル，三層構造，標準化と個性化

8-1　性格のビッグセオリーの統合：人間性の全体像　　159
8-2　統合(標準化)を背景とした多様化(個性化)に向けて　　165

あとがき　　　　　　　　　　　　　　　　　　　　　　　　175
引用文献　　　　　　　　　　　　　　　　　　　　　　　　178
索　　引　　　　　　　　　　　　　　　　　　　　　　　　187

1章

パーソナリティ心理学へのオリエンテーション

研究史の素描と現代・未来への課題

◀キーワード▶

人間性,パーソナリティ,自己,個人差,多様性,調整変数,知能,ポジティブ心理学,幸福(well-being)

━━━━━ ●●● 1-1 ●●● ━━━━━

パーソナリティは人間性のモデル：
構成要素と定義

　英語の personality の訳語としては性格や人格が使われるが,先に日本に入ってきた character に性格を用いたために,後から導入された personality には人格を訳語として当てざるを得なかった事情がある(藤永, 2015, 1991)。character の語源はギリシャ語の彫刻や石版のことで文字を意味するのに対して,personality の語源はギリシャ語のπρόσωπον(prosopon)で顔やモノの前面や仮面を指す。したがって,personality に**性格**,character に人格を充てた方がより原義に近いと考え,本書では personality の訳語に性格を当てる(杉

1

山, 2013)。他書からの引用でパーソナリティとカタカナ表記されている場合はそのまま用い，ヨーロッパ大陸の伝統に根ざした生得的人間観を背景とした精神医学関連の記述を除いて，人格という用語は使わない。また，性格の類似概念として**気質**(temperament)も使われているが，これは性格の生得的・感情的側面を指し，発達心理学で多用されている。

性格の定義は種々あるが，オールポート(Allport, G.W., 1937)は「パーソナリティとは，人間に特徴的な行動と考えとを決定する精神身体的体系の力動的組織」「性格，気質，興味，態度，価値観などを含む，個人の統合体である」と定義している。パービン(Pervin, L.A., 2003)は「性格とは認知，感情，行動の複雑な体制で，人の生活に方向性と一貫したパターンを与えるもので，身体と同じように性格は構造と過程から成り，素質(遺伝)と養育(環境)の双方を反映し，更に現在と将来に加えて記憶を含む過去の影響を受ける」と定義している。ミシェル(Mischel, W.)らはパーソナリティの定義において，オールポートやパービンの定義を引用した後に，性格は，一貫性，多様性，体制化を要素に含んだ上に，特に「パーソナリティは人が社会といかにかかわるかについて影響する決定因の一つであり」「心理学的概念であるが，同時に人の身体的，生物学的特徴と関連している」としている(ミシェル・ショウダ・アイダック, 2007)。

ところで，杉山は学問的定義以前のしろうとないし暗黙の性格観(Wegner & Vallacher, 1977；Furnham, 1988)を分析した(杉山・安永, 2005)。そこではパービンの定義に基づいて性格観のファセット分析を試みた。ファセット分析とは事後の解釈に任せるのではなく，定義に当たる事前仮説の**構成概念**を重視する仮説検証型の多変量解析法の１つである。具体的には，ある人のパーソナリティは時間次

1-1 パーソナリティは人間性のモデル：構成要素と定義

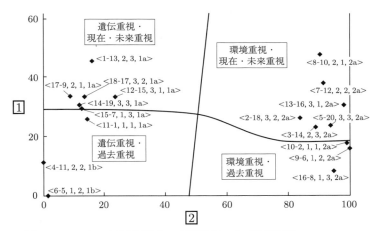

図1・1 ファセット分析結果（1；時間次元、2；形成要因）
出典）杉山・安永(2005)
図中◆< >内の4つの数字は，質問項目，ファセットA（時間次元），ファセットB（人間性の三側面），ファセットC（形成要因）の各番号を示す。

元(ファセットA)における，人間性の三側面(ファセットB)が，形成要因(ファセットC)に拠るとどの程度思うか(例えば，「現在の自分の行動には，生まれつきの素質が強く影響していると思う」)を問い，7段階評定で回答を求めた。その結果は図1・1に示すように，パーソナリティ心理学を受講前のしろうと(naive)学生は，①形成要因の遺伝重視か環境重視かで大きく二分され，②時間次元では現在・未来重視と過去重視に分かれた。しかし，③人間性の三側面としての認知・感情・行動のいずれを重視するかについては差が認められなかった。

パーソナリティの定義や暗黙のパーソナリティ観の分析結果から，①年齢・学力さらには文化・経済的背景が似かよっていると考

えられる日本人学生の間に，性格の明らかな違いと多様性が認められる。②人間は生物としての身体と意識そして行動が構成要素となって，性格は多層構造を成している。したがって，各々のレベルでの分析とレベル間の関係の解明が不可欠である。③性格の形成・発達要因には，遺伝と養育者や家族そして学校等の社会・文化・情報といかに関わっているかが影響する。④人は具体的な場で生活し，歴史性を有することから，生活してきた過去・現在・未来の時空間の認知がパーソナリティに影響しているといえよう。

1-2 パーソナリティのビッグセオリーの特徴

(1) 過去重視の精神分析と現在・未来志向の人間性心理学

フロイト(Freud, S., 1974)はアンナ・O嬢(仮名)の症例から数々の着想を得た。例えば，悲しげで不安のようではあるがどちらかといえば正常な意識の状態と，枕を投げつけたりボタンをひきちぎったりの興奮をともない，しかもそのことを憶えていない**無意識**の二つの意識層があること。ひどく暑い時期に激しい渇きにもかかわらず水を飲めない一種のヒステリー症状が，「好きではなかった家庭教師が自分のコップから犬に水を飲ませていた」ことを，その時の不快な感情と共に吐露した後，大量の水を飲むことができ，ヒステリー症状は永久に消滅した。これはその後，談話療法とかカタルシス(浄化)と呼ばれている。このことから，ヒステリー症状の背後には，多くは幼児期の心理的な苦痛体験(トラウマ)が存在し，それをその時の感情と共に話すことで，症状は消失するとの着想に至っている。これら，精神力動的人間観の特徴として，ジンバルドー

(Zimbardo, P.G., 1983)は，①顕在的で，観察可能な行動は内的な力によって説明される。②遺伝的衝動と幼児期に親から受けたしつけの初期経験によって性格は決定される。③行動は無意識的な動機のあらわれである。④人間性は基本的に邪悪で，社会的制御と無意識を表面化させる精神療法を必要とする，とまとめている。この精神分析の考え方はエリクソン（Erikson, E.H.）のライフサイクル理論やフェアベーン（Fairbairn, W.R.D.）の対象関係論等に引き継がれている。

　ロジャーズ（1966）は**自己理解**に基づいて，パーソナリティ理論を展開している。例えば，「人間は場に対して経験され知覚されるままに反応する。この知覚は個人にとって実在する」「有機体は一つの基本的な傾向と渇望を持っている。すなわち，体験を現実化する」自己実現傾向がある。「行動を理解する最も有益な視点はその人自身の内的判断基準から得られる」ので，カウンセラーといえども他者はその人になれず，共感的に接近できるだけである。ここから来談者中心療法やパーソナリティの変容について論じている。これら**人間性心理学**の特徴としてジンバルドー（1983）は，①現在の意識的経験（今，ここに）の重視。②基本的な人間性は「良いもの」で「能動的」である。③人間は適応し，成長するためにもがき，変化や環境の再構成を求めている。これが来談者中心療法につながる。④人間は自らの潜在能力を最大限に発展させようとして，その実現に努力する存在で，成長可能性を志向している。ロジャーズの考えは，人間の成長・発達を植物の生長アナロジーで語っていると批判されつつ，ナラティブセラピー等の新たな臨床実践に大きな影響を与えている（McNamee & Gergen, 1992）。

　以上はパーソナリティ研究の碩学達のほんの一例である。しか

し，パーソナリティのビッグセオリーはそれぞれに視点や強調点が異なり，いかに個性的で多様かは読み取れるであろう。

(2) 20世紀は環境重視，21世紀は遺伝・脳科学の世紀か

　学問やものの考え方（時代精神；Zeitgeist）には歴史的変遷がある。20世紀は科学万能の世紀といわれ，この時代の研究の背景には学習や経験によって人はどこまでも発達進歩するという学習・環境優位な考え方があり，遺伝，すなわち，遺伝決定論と考えて，遺伝の影響を否定してきた（図1・1は，遺伝と環境で二分しているが，平均値は環境側に偏っていた）。これに対して，21世紀は公害や地球温暖化等，科学が負の側面を持つことが知られ，科学への信頼が揺らいだといえる。しかし他方で，21世紀は生物科学が長足の進歩を遂げ，特に著しい進歩を示す**脳科学**の世紀ともいわれている。しかし，21世紀の脳科学の強調は遺伝子決定論ではなく，遺伝か環境かの二項対立でもない。ピンカー（Pinker, S., 2004）は，遺伝子は環境に応じて柔軟にはたらき，人間はプログラムされているから返って融通性のあるふるまいができる。いわば，生まれは育ちを通して（Nature via Nurture）と捉えている。例えば，これまで生得的な遺伝といえば男女差のみに焦点が当てられていたが，双生児研究によって政党選好，政治イデオロギー等，およそ遺伝とは考えられない事柄にも遺伝の影響があるということがわかってきている。しかし，遺伝するのはある環境や変化におかれた場合に作動する情動メカニズムであり，これが遺伝にかかわっている。近年，模倣にかかわるミラーニューロンが学習能力や文化の伝播に決定的な役割を担っている可能性が指摘され，ヒトは言語や学習能力を獲得したことによって遺伝子のみに基づく進化の制約からヒトの行動を解き放ったと

いわれている(Ramachandran, 2003；大平, 2014)。現在ではヒトは書字を獲得し，書字はヒトやモノを情報化した。書字は生得的ではなく，書字を使うために脳は神経回路をつくりなおし，後天的に脳機能を再構成することで，自らがつくりだした秩序に適応し，再帰的に社会を構成しつづけているといわれている(Wolf, 2008；三原, 2010)。

ここには，認知神経心理学，進化心理学，双生児法を用いた人間行動遺伝学等の心理学と脳科学との連携がある。小泉(2004)は，後近代(post-modern)は細分化された各分野が互いに架橋・融合されて新たな包括分野が創発される時代で，俯瞰統合論の時代と呼びたいと主張している。

1-3 性格・知能・適性検査で何が，どこまでわかるか

心理学から成立した職域の一つに**心理検査**(心理テスト)がある。就学時の発達検査，知能検査や性格検査，それに就職適性検査や精神的健康，さらに言語・コミュニケーション・障害などの特殊検査がある。

現在，性格についてはビッグ5と言われ「神経症傾向」「外向性」「開放性」「調和性」「誠実性」の5つの性格特性で表そうとしている。知能についてもガードナー(Gardner, H., 2001)は，IQや偏差値による1変数ではなく，比較的独立した7ないし8つの能力からなる多重知能理論を提唱している(ただし，測定法は未だ確立されていない)。知能を1変数に集約できると考えるか，複数と考えるかは性格観や能力観の問題であり，それ以上に日常生活や教育の問題

図1・2 文化と個人と状況の相対的影響力
出典）高野（2008）

と直結している。

　ところで，知能検査や性格検査で，何がどの程度わかるのであろうか。人間の行動を決める影響力について，文化・個人・状況の3要因を比較した研究がある（Matsumoto et al., 1996）。この調査は文化ステレオタイプの研究が目的であるが，図1・2に示すように，文化と個人の相対的影響力は1対9で，個人と状況の相対的影響力は2対8である。そこから概算すると文化・個人・状況の中での個人の相対的影響力は19％程と低い値である。この研究では分散についても分析していて，質問項目の違いに由来する個人内分散と個人差を反映する個人間分散の分析から，個人内の分散は全分散の80％に対して個人間の分散は20％で，状況の違いの方が個人間，すなわち，性格の違いによるよりもはるかに大きい影響力を持っていた（高野，2008）。

　次に，性格検査の結果は受検者にどう伝えられるのであろうか。いずれの検査も版権があるので詳しくは書けないが，一例として，あるビッグ5性格検査ではB5判1枚のフィードバック用紙が用意されている。内容は性格の主要な5次元を測定していること，健康な性格を測定していて知的能力や精神健康上の問題を診断する検査ではないこと，あなたの性格について一般的な解釈を与えるものであるとの前書きがあり，その上で，「あなたの特色」として5特性そ

れぞれについて強・中・弱のいずれかにチェックするようになっていて，各々の性格特性の説明は20字〜50字程度である(例えば，外向性強は「社交的，外向的，活動的で元気はつらつとしている。いつも誰かが周りにいることを好む」であり，下位尺度はフィードバックされない)。

　以上などから，性格検査だけから人の性格について確かに言えることは少ないということである。例えていうなら，性格はこの状況でいかに行動するかの戦略を決める調整変数であり，状況や他の要因がわからなければ性格だけでは戦略も立てられないし，予測も解釈も難しいということである。ここまで，性格検査だけから言えることは少ないと言ってきたが，検査が何を測っているかは，各検査の「テスト利用マニュアル」に記載されている。そこには，テストの特性や信頼性(誤差の範囲)，何を測る検査か(妥当性)と実施・集計法が書かれている。テストの利用目的によっては，事実を伝えることで問題が起こる場合も考え，必ずしもテスト結果をそのまま伝えないこともある。

1-4
現象説明での性格(個人差)の役割：臨床と犯罪を例として

　心理学が活かせる仕事としては，例えば問題や不安を抱えている人への学校臨床や病院臨床，さらに学齢前の気になる子への発達臨床などがある。また，非行や犯罪の予防と更正に関わる犯罪プロファイリングや各種更正施設での矯正の仕事がある。21世紀の知識基盤社会では，コンピュータに置き換えられる仕事は，早晩，消え

てなくなる仕事といわれるが，生き残る仕事として広い意味での対人関係職が考えられる。しかしここでの対人関係職は福祉や臨床，教育だけではなく，セールスやコンサルタント，医者や弁護士等，多様な相手や状況と個人差を前提として，状況ごとに戦略を立てる必要がある仕事のことであり，いずれも心理学が活かせる職場である（日本心理学会心理学教育研究会, 2012）。

　駅に向かってあわてて走って行く人に対して，「あわて者」とか，「電車が近づいているから」と言ったとしたら，前者は「あわて者」という個人特性で説明し，後者は「電車が駅に接近している」という状況で説明している。同様に，**犯罪プロファイリング**においては，「犯罪の手口」と，「過去に犯罪が起きた場所」がデータベース化されていて，犯罪の個人特性と場所／状況が対応している（渡邉・桐生・高村, 2006）。加えて，加害者に視点をおいた研究とは別に，犯罪・災害被害者の救済や裁判員に関わる研究にも性格は関連している。このように具体的事例に関わると，人と状況の両要因とそれらの相互作用を明らかにすることによって，現象はより正確に理解でき，予測や予防につなげられる。

　以上のような人と状況の相互作用モデルは**素因ストレスモデル**（ストレス脆弱性モデル）と呼ばれている。例えば，被害者意識が強いという認知的特性や不安傾向が強いという感情特性等の「素因」を持つ人が「対人関係のストレス」を抱え込むことによって抑うつや不安症を発症しやすくなると考える。これに対しては，現象の見方を変えて行動変化に結びつけようとする認知行動療法等がある。また，**精神的快復力**を意味するレジリエンス（resilience）の個人差に着目した方法もある。例えば，レジリエンスの高い人は，苦痛に満ちたライフイベント（life events; 生活上の出来事）を経験してもあま

り落ち込まず，回復力も高いことからレジリエンス測定尺度が開発されてきている(小塩・中谷・金子他, 2002)。不安だけでなく自尊感情，自己愛傾向などもこのような交互作用モデルに基づいて分析されている。

アントノフスキー (Antonovsky, A., 1987) の**健康生成論** (salutogenesis)とその中核概念としての**首尾一貫感覚**(Sense of Coherence; SOC)の研究は，SOCが高いとストレス対処に優れていることから，疾病生成論に対して，健康はいかにして維持，回復，増進されるのかという健康要因とそのメカニズムや背景についての理論である。元々はナチスの強制収容所の生還者として極限のストレスに打ち克った人々の研究である。

1-5 健康とwell-beingに及ぼす性格や個性の意味

オールポート(1937)は健康なパーソナリティの規準として，次の6項目をあげている。

①**自己意識の拡大**：自己だけに向けられていた関心が，家族・異性・趣味・政治・宗教・仕事へと拡大し，他人の幸福を自分の幸福と同一視できるか。

②**他者との暖かい人間関係の確立**：すべての人に敬意を払い理解し，共感性を持てるか。

③**情緒的安定**：欲求不満も受容し，安定した精神状態を保てるか。

④**現実的知覚，スキルおよび課題**：正確な現実認識，真実の認知や基本的能力に加えて，情緒的均衡を保つこと。

⑤**自己客観化，洞察とユーモア**：自他について客観的に知り，洞

察しているか。洞察とユーモアは強く関連している。

⑥人生を統一する人生哲学：人生の目標を明確に持ち，人生に統一を与える哲学をもっているか。

その後，シュルツ(Schultz, D., 1982)は，オールポート，ロジャーズ，フロム，マズロー，ユング，フランクル，パールズ(Perls, F.S.)の7人について健康な性格の観点から，動機と意識・無意識，過去・現在・未来の強調，緊張の増大と解消，仕事の役割と目標，認知の性質，対人的責任について比較し，各理論家の特定の個人的な経験が，業績や人間観にどのように影響を与えたかを示そうと試みている。背景には個々人の主体的あり方，生き方が問われ，その根底に性格がかかわっているとの考えがある。

学習性無力感の研究をしてきたセリグマン(Seligman, M. E. P.)は，心理学は病気を治すための努力はしてきたが，「どうすればもっと幸福になれるか」について，あまり研究してこなかったことに気づき，今後の心理学の取り組むべき課題として**ポジティブ心理学**を取り上げ，自らも楽観主義の研究に転向した。人間のもつ長所や強み(strengths)を明らかにし，ポジティブな機能を促進してゆく科学的・応用的アプローチはポジティブ心理学と称されている。先に述べた，人間性心理学では，自己実現のような最適なパーソナリティ発達を重視したとするならば，ポジティブ心理学は日常の平均的な人の well-being (幸福・安寧)や満足感を問題としている(島井 2006；堀毛，2010)。そこには，よい人生や人間の強みについて科学的な研究を進めることが，今の世界が抱える紛争や飢餓，環境問題などを克服する新たな手だてになるとの考えがあり，ポジティブな特性や認知の研究，人間のポジティブな機能を分類・測定する「生き方の原則(VIA-IS)」尺度の開発等が含まれている(バッキンガムとク

リフトン, 2001, 大竹他, 2005)。セリグマンがアメリカ心理学会の会長の時の講演は「マーチン・セリグマンのポジティブ心理学」として 2016 年 7 月現在, TED (Technology, Entertainment, Design)の以下のサイトで視聴することができる (https://www.ted.com/talks/martin_seligman_on_the_state_of_psychology? language=ja)。

1-6 性格や個性は心理学的研究だけか：隣接／他領域との連携

　パーソナリティや個体差を心理学以外の分野で研究している領域には(文化)人類学，社会学，生命科学，医学・生理学，測定論等があるが，ここでは試みに文化人類学と育種学を取り上げる。

　文化人類学では異文化体験の研究を中心に人間と文化の関わりについて研究している。箕浦(1990)は，人間形成という観点から子どもが自分の生きている文化の意味体系を自分の中にどのようにして取り込み，自分の心をつくっていくか実証的に研究し，人間存在の三側面として，子どもの育ちの過程は，①人の生物としての成熟プロセス，②子どもが育っている文化の諸要因，および③その子特有の諸条件に規定されるとしている。そして，バルテス(Baltes, P.B.)の生物的暦年齢・歴史文化的・個人的個体差の 3 要因からなる老年学の多要因交互モデル(multicausal and interactive model)を引用しながら，図 1・3 に示すように，パーソナリティを個人特有の部分と他の人と共通の部分，または可視的な部分と可視的でない部分の 2 軸で考えている。

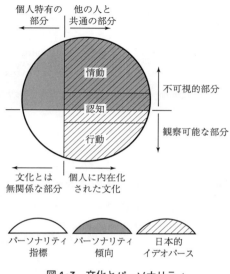

図 1·3 文化とパーソナリティ
出典）箕浦（1990）

　文化との関係でいえば，個人の文化的アイデンティティは図の灰色部分と斜線部分が重なる所にあり，この部分は文化的自己と呼べるという。文化特有の考え方や感じ方をあたかも自分自身のもののように感じるのは，もともと自分の外にあった「文化」が，社会化の過程で自己概念の中に摂り込まれて，構成要素となるからだと説明している。今日，情報化とグロバリゼーションの進展により文化特有と思われる対人関係の様式は変わりつつあり，国民性や民族性の研究は行き詰まりを見せている（星野，2004）。人類学ではその後，「危機に瀕した人格（Concept of Person）」「医療と技術と文化」等を特集し，臓器移植における人格をもたない身体を論じる等，新たな展開を示している。

育種学がかかわる盲導犬では，ラブラドールリトリバーは雌雄ともに避妊・去勢を受けた後に盲導犬としての訓練を開始する。したがって，優秀な盲導犬であってもその遺伝子を自然繁殖によって次世代に伝える方法がなく，人工授精や受精卵移植などに頼らざるを得ない(鈴木, 2009)。そこでは，家畜や家禽の遺伝質を改良し，生物の進化の方向を人間の必要とする方向に変更／促進する**家畜育種学**(animal breeding)の技術が使われている。盲導犬の適性は性格によるところが大きく，遺伝的な要因も関与していると考えられ，個体の性格をつかさどる分子の解析が必要となり，性格関連遺伝子の遺伝子多型(個体差)と盲導犬の稟性(ひんせい；生まれつきの性質)の関連が研究対象となっている。訓練に入るかどうかの決定は気質評価・アンケート・行動実験で行うが，気質は行動特性に関わる品種内個体差の情動的基盤として回復性，落ち着き，好奇心，協調性の4因子の質問紙で評価される。行動実験には屋外や初めての場所における歩く様子，エスカレーター，他の犬への反応などの観察項目が含まれている。このように盲導犬の選定は育種学による繁殖と稟性評価および行動観察で決定されているが，盲導犬や麻薬探知犬の訓練後の合格率は30〜40％と低率で，それを改善すべく盲導犬の遺伝子バンクが形成されている(Arata et al., 2008)。

1-7 根本的変化に開かれていること：学問とイノベーション

　学問の怖さは，何時大きな変化が起こるかわからないということである。クーン(Kuhn, T.S., 1971)は天動説から地動説へのコペル

ニクス的転回を例に，科学革命は論理や実験だけでは決定されないという。すなわち，パラダイム間の論争は伝統的パラダイムの擁護者と革命をもたらそうとする後継者との意見の差異に加えて，どの問題を解くことが有意義かという論争が加わっている。この規準選択と価値判断を含む問題は，通常科学の外側にある規準によってのみ答えられるという。したがって，パラダイム論争から革命が生じるのは，常識の外にある規準に拠るといっている。

レイサム (Latham, G., 2009) は，人材マネジメント，産業組織心理学，組織行動の研究者らが **科学者・実践家モデル** (Scientist-Practitioner Model ないしボルダーモデル Boulder Model; 今田, 2012) を取り入れているにもかかわらず，臨床・カウンセリング心理学の進歩にむとんちゃくで気づいていないことを知って，無境界心理学 (boundary psychology) の構築を掲げ，心理学の各分野に協調と交流を呼びかけた。特に，社会心理学，臨床心理学，生涯発達心理学，進化心理学のシナジー効果によって，人間行動における重要変数が発見できると考えた。しかし，これは心理学の領域内に限らないであろう。前述した学問領域間の連携には分析レベルの問題があり，脳や生理，心や意識，それに行動の3つの水準で捉えたことは相互に関連するが，それぞれは異なる方法で分析し，仕組みやモデルについて研究してきた。ここで意識や行動レベルの研究成果を生理・脳科学に置き換えることは還元主義になる。すべての理論を1つの包括的な枠組みの中に結びつけることの困難さがここにある。

ところで，学問の価値は，予測性や説得力に加えて，社会のなかでの実効性からも評価されるべきであろう。先に述べた科学者・実践家モデルは70年前の1949年夏に作成されたこともあり，その後

いくつかの臨床家養成モデルが提案されている。中でも4レベルマトリックスモデル(Snyder & Elliott, 2005)は，これまでの臨床心理学が個人の精神疾患(弱さ)を対象としたカリキュラムであるのに対して，精神的健康を強めることとポジティブ心理学の発想を含めている(村椿・富家・坂野, 2010)。学問は国際的通用性があり，将来の変化ないしイノベーションに開かれていることが不可欠であろう。

◧まとめ▷
☐ 性格ないしパーソナリティ研究は人間を総合的・統合的に全体として捉えた人間性のモデルを示している。
☐ 性格研究は多様性・個人差を扱うことから，心理学研究のクロスロードに位置する。他方，性格(個人差)は誤差，原因，調整，結果変数としても扱われている。
☐ 性格や能力の構成要素が1つに集約できると考えるか，複数と考えるかは性格観ないし能力観の問題であり，ひいては教育や差別に関わる。
☐ 性格研究はこれまでどちらかというと病理や臨床と関わり，その基礎研究とされてきた。これに加えて新たにポジティブ心理学ないし健康生成論の基礎を提供するようになってきている。
☐ 心理検査は莫大にあるが，理論と技法共に発展途上であり，これからも明確なコンセプトに基づく新検査の開発と集約が必要である。
☐ 性格や能力などの個人特性の影響力は，その人が行動する場面や状況，形成過程などを加えた相互作用視点から検討する必要がある。
☐ 性格研究に限らず学問は絶えず進歩・変革の可能性があり，将来の変化と学問間の連携・融合に開かれている必要がある。

◧より進んだ学習のための読書案内▷
藤永　保(1991).『思想と人格―人格心理学への途』筑摩書房
　　☞パーソナリティと知能を人間全体として捉え，著者の十有余年の模索の結実を柔らかい語り口で解説している名著。

ハワード・ガードナー／松村暢隆(訳)(2001).『MI：個性を生かす多重知能の理論』 新曜社
> ☞知能をg因子にまとめることなく，7つに分け個性を生かす道を開いた。多くの能力研究を刺激したが，多重知能に基づく知能測定法の完成が待たれる。

アーロン・アントノフスキー／山崎喜比古・吉井清子(監訳)(1987/2001).『健康の謎を解く―ストレス対処と健康維持のメカニズム』 有信堂
> ☞強制収容所生還者の3割が精神的健康を保持していた。この謎を解く過程で首尾一貫感覚の重要性を知り健康生成論を提唱している。

島井哲志(編)(2006). ポジティブ心理学―21世紀の心理学の可能性 ナカニシヤ出版
> ☞人間性を病理モデルから幸福モデルへと変換する新しいアプローチを提案している。セリグマンが「21世紀の心理学の2つの課題」を寄稿している。

2章

パーソナリティ心理学の研究法

研究方法・道具・技法

◀キーワード▶

継時的安定性,通状況的一貫性,首尾一貫性,統計的基準,価値的基準,適応的基準,法則定立的接近,個性記述的接近,心理アセスメント,信頼性,妥当性,テストバッテリー

　本章では,パーソナリティ心理学の研究法について,また研究協力者との関係において留意する点について述べる。

2-1 健康モデル　対　病理モデル

(1) 正常なパーソナリティの理解

　健康モデルによるパーソナリティの捉え方を4つ紹介する。

a. 同じ状況にある異なる個人が類似の行動をとる原因の理解

　この立場の代表例は行動主義である。個人間の差異を誤差と捉え,環境の影響力を重視する。例えば閉鎖的な状況下では権威者の

指示に従ってしまう心理を明らかにしたミルグラム(Milgram, S.)のアイヒマン実験は，第二次世界大戦時ドイツでユダヤ人大量虐殺がなぜ行われたのかを説明することを研究動機として実施された。ミルグラムは「虐殺の実行者は，サディスティックなパーソナリティの持ち主ではなく，権力者の命令に従った」と状況の影響力を重視した。

b. 同じ状況にある異なる個人が異なる行動をとる原因の理解

刺激や状況によっては説明されない，行動における多様性を個人差と捉え，行動は人と環境の関数で説明できると考える。よく知っている人の行動パターンの予測が可能なのは，例えば「あの人はその状況ならそうするだろう」など，パーソナリティの一貫性と状況反応性まで含んだ反応である。

c. 異なる状況にある同一の個人が類似の行動をとる原因の理解

伝統的人格理論では，時間が経過した場合でも，「真の自己」があると考え，パーソナリティの一貫性として「継時的安定性」を重視してきた。ビッグ5の特性は，約30年と時間的に離れた別の時点においても，自己評定(Costa & McCrea, 1980; Costa & McCrea, 1988)，他者評定(Costa & McCrea, 1988)においても，0.7以上の相関と比較的変化がなく，特に30歳以降は安定している(McCrae & Costa, 1990)。ミシェル(Mischel, W.)の指摘によって引き起こされた人間-状況論争(person-situation controversy)では，加齢に伴い行動も発達的変化を遂げるため，人格特性と相関のある行動について加齢の検討は難しく，継時的安定性はあまり議論されていなかった。また，自己や他者に対する一貫性の知覚が実際にそこに存在するものなのか，観察者の視点に存在するものとして映るものかという問題は残る。我々が対人認知をする際にも安定性と恒常性を求め

るからである。しかし，ミシェルは，異なる場面での特性と関連した行動との相関は高くても相対係数が0.3程度と一般的に低い理由を，人間の状況を弁別する特性によると考えた。そのため，状況が同じであれば同じ行動を生起するといった，パーソナリティの一貫性のうち「通状況的一貫性」の立場をとる。

ここで，通状況的一貫性とは，異なるさまざまな状況を通してある行動や反応がどの程度安定してみられるかということを示すが，一貫性は次の3つに分類される。どんな状況下でも一定の行動を示す「絶対的一貫性（通状況的一貫性）」，状況によって行動は多少変わるが個人差の順位は変わらない「相対的一貫性」，行動の安定性も変化も予測可能なパターンを示す限り，一貫性として認める「首尾一貫性（コヒアランス）」である。これらが人間-状況論争を経て生み出された相互作用論アプローチの理論的背景である。

d. 同じ状況にある同一の個人が異なる行動をとる原因の理解

個人と他者を区別する独自性を発見し，多くの点では似ている部分もあるが，その個人だけに特別な何かがあると考える。

(2) 正常と異常の基準

正常なパーソナリティの状態とは，自己の能力に応じて十分に行動できるといったバランスのとれた態度で，社会的現実からの要求に対して適切に反応することができることである。行動の状況における"適切性"は量的および質的な文化的価値基準，すなわち社会的価値規範をもとに評価される。

異常な状態も同様に，量的異常と質的異常の双方から判断される。量的異常とは対象母集団の平均的反応からの逸脱の程度により評価され（統計的基準），質的異常は世間一般の人々の文化的価値基準か

らどの程度ずれているか(価値的基準)とその人をとりまく環境にどの程度適応しているかを評価される(適応的基準)。

つまり"異常性"は，その人が存在する社会におけるさまざまな基準によって複合的に規定される。例えば，子育て相談などでは，子どもが集団の平均から逸脱し，集団に適応できないことを恐れ，平均に対して"異常"なほどこだわり心配になりやすい保護者に度々出会う。また近親者の死の悼み方は文化によって違いがみられる。ニューギニアのある部族は死んだ近親者の亡霊から身を守るために死者の頭蓋骨を身に着ける習慣を持つ。同様の状況で同じ行動をとれば日本では異常として捉えられるだろう。しかし，近年は日本においても遺骨をペンダントなどに加工しお守りとするサービスが生まれるなど，相対的に長い時間軸で見ればその文化的価値基準にも変容がみられるのである。

(3) 病理的パーソナリティの理解

病理的パーソナリティを理解するための基本的姿勢は，人が異常性を示す問題行動をとる理由を説明することにある。精神科医や心理士は，面接において外見的印象，意識，注意力，会話，記憶，見当識，気分と感情，思考，知覚，判断力，欲求などに注目し，その理解の手がかりとする。

健康モデルに基づくパーソナリティの捉え方を病理モデルにあてはめると次のようになる。

a. 同じ状況にある異なる個人が類似の行動をとる原因を理解する立場では，環境要因の影響，つまり大きなストレスフルライフイベントが病理をもたらす法則を見出す。例えば，大災害や事故の被害者がPTSD(post-traumatic stress disorder)を発症しやすいこと，

幼児虐待が子どもに解離性障害をもたらすことなどである。

b. 同じ状況にある異なる個人が異なる行動をとる原因を理解する立場では，ある精神病理を発症するかどうかが双生児のきょうだいでも異なる場合はその差異をパーソナリティの一貫性と状況反応性の個人差に帰属させる。

c. 異なる状況にある同一の個人が類似の行動をとる原因を理解する立場では，パーソナリティの一貫性を重視し，精神病理が重い場合などに適用され，状況の影響が少ないと考える。

d. 同じ状況にある同一の個人が異なる行動をとる原因を理解する立場では，精神病理が改善した場合や個人が発達的変化を遂げた場合などに適用する。

(4) 病理の予防方法と介入方法

ある特定の病理を発生しやすい高いリスクを持った人を対象として絞り込み，リスクを下げるよう働きかけて病気を予防する方法を

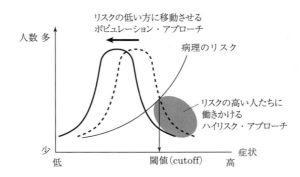

図 2·1　ポピュレーション・アプローチとハイリスク・アプローチの比較

ハイリスク・アプローチという。この方法は臨床心理学的領域で多用される介入方法である。一方，潜在的なリスクを抱えた人々を含む集団全体を対象し，環境整備を行うなど，全体としてリスクを下げるよう働きかける方法をポピュレーション・アプローチという（図2・1参照）。この方法は，健康な人を対象にさらに健康を増進し，病理を予防する健康心理学的介入方法である。

2-2 法則定立的接近　対　個性記述的接近

(1) 法則定立的接近と個性記述的接近

パーソナリティ研究は大きく2つのアプローチに分けられる。

まず，個人差の研究において変数や一般特性に限定されるべきとする考え方を法則定立的接近という。パーソナリティの基礎的構造があり，すべての人間に共通普遍的特性次元があると仮定し，個人のパーソナリティは研究者が確認する特性を所有する度合いが異なるだけと考える，特性論に重きをおく考え方である。調査研究や検査研究はこの立場をとり，主として量的データを扱う。量的データは統計によって，信頼度の高い結論を導くために使用される。

一方で，個人の現象学的視点に基づき，個人事例を積極的長期的に分析する方法を個性記述的接近という。オールポート（Allport, G. W.）は個性記述的接近は，個人を特徴づける特性をその人自身の経験に則して見出すことができると考えた。事例研究は，主として質的データを扱う。

(2) 2つのアプローチの両立

　法則定立的接近と個性記述的接近の2つの方法を両立する条件としては，個別的評価は，ある特定の人の特定の状況における特定の行動についてのみ予測を認めるとし，それ以上にわたらないこと，また，ある状況におけるその行動の決定は，その個人についての研究によってなされなければならないことがあげられる。

　両立を可能にしようとした代表的なパーソナリティ研究者には，ベム（Bem, D.）とケリー（Kelly, G.）がいる。ベムは，法則定立的図式内で，個性記述的評価法を用いた。比較的場面一貫性があると自己定義した受検者のみを用いて，研究者が研究対象とするパーソナリティ構成概念に仮定される行動を研究する方法である。ケリーは，個性記述的接近を有効とするため，個人に自分自身の社会生活を特徴づける特性の記述（個人的構成概念）を答えるよう求め，個人はどの行動が特定場面における与えられた構成概念を表出するかを決める方法である。

(3) 心理アセスメントの方法

　対象者に対して何らかの判断をする必要のある場合，心理学的手続きによって情報を入手し，これを通して対象者を理解し判断していくプロセスを心理アセスメント（心理査定）という。主なパーソナリティのアセスメント法には，調査研究，検査研究，事例研究，観察研究，実験研究がある。

2-3 調査・検査研究 対 事例研究

(1) 調査・検査研究
a. 質問紙法

調査・検査研究の多くは質問紙法を使用している。調査や検査で使用される質問項目は評定尺度法を用いるのが一般的であり，2つの問いを含むダブルバレル(double-barreled)質問を避け，質問文への回答が次の質問の回答に影響を与えるキャリオーバー効果に留意して作成されている。調査のデータを得る手続きには，面接，郵送，電話，集合調査がある。代表的な質問紙法の検査には，ミネソタ多面人格目録(Minnesota Multiphasic Personality Inventory ; MMPI)，矢田部ギルフォード性格検査(YG性格検査)，エゴグラム(Tokyo University Egogram; TEG)，NEO PI-R 人格検査 (Revied NEO Personality Inventory)，状態-特性不安検査(State-Trait Anxiety Inventory; STAI)，ベック抑うつ評価尺度(Beck Depression Inventory; BDI)，健康調査票(Cornell Medical Index; CMI)などがある。

質問紙法で用いられる尺度は，信頼性と妥当性を備えていることが条件とされる。信頼性とは「その尺度や検査の結果が一貫しているか」を示す概念である。また，妥当性とは「その尺度や検査により知りたい(測定したい)ものを正しく測定できているか」を示す概念である。例えば，パーソナリティ尺度を実施した場合，ある特性を持ち合わせた人の結果が毎回異なるのであれば信頼性に問題があり，調べたいパーソナリティを測定できていなければ妥当性に問題があるといえる。そのため，各検査は標準化の手続きを踏まえる。

b. テストバッテリー

優れた調査・検査であっても1つのテストのみで,パーソナリティ全体の適切な評価判断を行うのは不可能であり,通常はそれぞれの良さを相補うため組み合わせて実施するテストバッテリー法を用いる。例えば,文章完成法テスト(SCT)はパーソナリティの診断や心理療法導入にあたってのアセスメントなどを目的として行われる

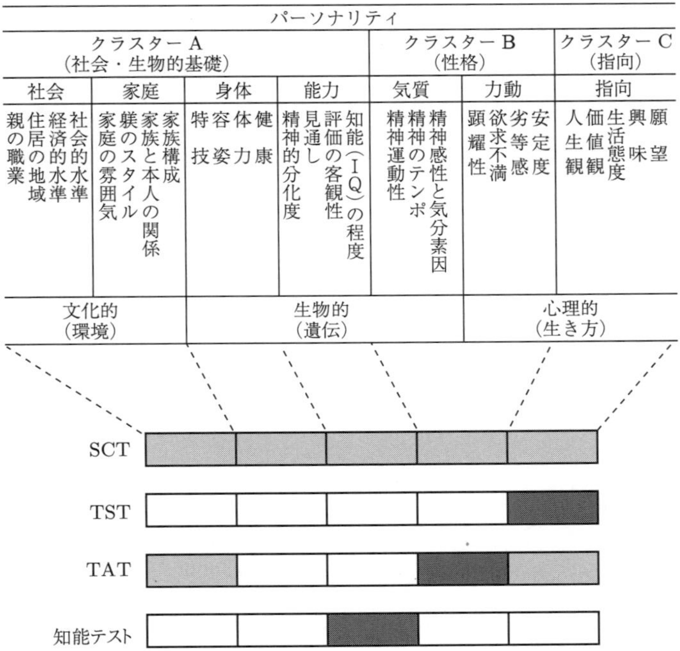

パーソナリティ							
クラスターA (社会・生物的基礎)				クラスターB (性格)		クラスターC (指向)	
社会	家庭	身体	能力	気質	力動	指向	
親の職業/住居の地域/社会経済的水準	家族構成/家庭の雰囲気/家族のスタイルと本人の関係	特容姿/技能力/体健康	精神的分化度/見通しの程度/評価の客観性/知能(IQ)	精神のテンポ/精神感性と気分素因/精神運動性	顕耀性/欲求不満/劣等感/安定感	人生観/価値観/生活態度	興味/願望
文化的 (環境)		生物的 (遺伝)			心理的 (生き方)		

SCT

TST

TAT

知能テスト

図2・2 パーソナリティの次元とテストバッテリー例

各々の検査でターゲットとしている部分を,■:ねらいとする,▨:ある程度調べうる,□:調べにくいの3つに分類している。

出典)槇田(2001);McCrae & Costa (1990)を改変

が，測定したいパーソナリティ特性に焦点を絞った質問紙法や知能検査など，その他の検査と組み合わせて使用される。槇田(2001)はパーソナリティの幅広い領域をカバーするSCTをテストバッテリーに加えることを推奨している(図2・2)。

(2) 事例研究

事例研究は個性記述的接近の代表例であり，そのデータを収集する方法として調査的面接と臨床的面接がある。調査的面接は，その人の行為や経験に加えて，感情，動機，価値観を個性記述的に理解することを目的として実施される。一方，臨床的面接は悩んでいる特定の症状や問題を理解し改善することを目的としている。調査的面接では，対象者をインフォーマントと呼び，臨床的面接ではクライエントと呼ぶ。ここでは，個人の人生や生き方を理解するための2つの方法，ナラティブセラピーと人生脚本を取りあげる。

a. ナラティブセラピー

ナラティブセラピーは，パーソナリティをシステム論とナラティブ(物語)の視点からみることで，その人の人生の物語から理解し，語り手であるクライエントが気づかなかった変化に目を向け，固定化した物語を流動化し，新しい物語を創造するように援助するアプローチである。ある個人が体験した複数の出来事を時間軸に沿って並べ，その人のパーソナリティを"世界を経験し，自分なりに意味付け，他者とかかわる中で生成される物語"と捉え，丹念に分析する。

b. 人生脚本

交流分析は，自分と他者とのやりとりで何が起こっているかを説明するために精神分析医バーン(Berne, E.)が作ったパーソナリティの構造論に基づく分析理論である。悲観的な運命論ではなく人間存

在そのものを肯定し，人は自分の運命を決め，その決定は変えることができると考える人間哲学を示す。交流分析の過程では，伝統的な精神分析と共通して子どもと両親との関係を重視し，子どもの人生のシナリオが両親とのかかわりの中で描かれ，人生の重要な場面で選択されるシナリオが，その子どもの行動を決定していく影響力をもつと考える。典型的なシナリオを，「どうせ自分は世の中をうまく渡っていけない」「あの人のせいで自分はこうなった」「あのときの失敗で自分の一生が駄目になった」「この先の将来を良くしていける見込みがない」などの破壊的な脚本，「人生ほどほどがよい」「自分を他者と比較してもきりがない」「人に迷惑をかけないように生きていく」などの平凡な脚本，「自分はやればできる」「生きていくことは素晴らしい」「たとえ失敗しても挽回できる」などの成功者の脚本の3類型に分けて捉えた。しかし，実際の人生脚本は類型通りではないが，少なくとも将来の人生に向けた脚本を演じている自分を理解することで，破壊的方向を示す脚本であれば，それを現実的な方向を示す脚本に自分で書き換え，建設的な生き方を選択していくこともできると考える。

2-4 観察法　対　面接法

(1) 観察法

a. 観察法とは

　人工的な設定のもとに限定的な要因を調べる実験法は，実験状況が自然な環境とかけ離れていたり，あらかじめ決めた要因しか調べることができないという欠点がある。それに対して，観察法は自然

な状況でさまざまな要因を取り入れながら研究を進めることができる。また，実験法によって意味のある実験を計画し遂行するためには，日常生活場面における十分な観察が必要なため，実験室で統制された研究を行う前の予備的研究の役割として行動観察を実施することもある。

　観察法での観察データは，複数の日・時間帯に収集を行う必要もある。その際，研究者(観察者)が観察対象者に干渉しないように注意する必要がある。行動観察の手順としては，まず行動のレパートリーの記述をそれぞれ定義し，観察対象となる個体の識別を行う。観察時間を一定間隔に区切り，観察対象となる行動が生起しているかどうかを記録する方法(タイムサンプリング法)でビデオなどに記録する。そして行動の分類と判定を行うため，複数の観察者間の信頼性係数(κ係数)を算出する。検討しようとする要因の分析方法について，量的データが適切か，あるいは質的データを用いるのかを決定する。

b. 観察法の特徴

観察法の長所としては，次のような特徴があげられる。

① 現実の環境における比較的制約の少ない状態での行動を研究対象とすることができる。
② 実験法や質問紙法ではあらかじめ決めた仮説の検証になるが，観察法では研究者の想像を超えた知見が得られることもあり，仮説の生成に役立つ。
③ 実験的な教示を理解する，質問文を読む，インタビューに答えるなどの言語的な能力を対象者に求めずに行うことができるので，言語能力が未熟な段階の子どもや動物を対象にすることも可能である。

2-4 観察法 対 面接法

一方で,観察法の制約としては次の点に留意する必要がある。
① 観察には手間と時間がかかる。特に数が少ない対象者や,まれにしか生起しない行動を観察する場合には膨大な時間がかかる。
② 得られたデータが量的でない場合は,データそのものや解釈に主観性が入りやすい。
③ 組織的にデータを収集しすぎると,想定範囲にない知見を得られにくくなる。
④ 特定の時間にのみ観察・記録する方法では,特定の時間における行動の生起の有無を記録しただけにすぎないという欠点がある。

c. 観察法による表情の分析

現在,大学教育では,観察法の実習として動物の行動観察を行うことは少なく,人間のコミュニケーションが対象となる行動観察が多い。表情,視線,ジェスチャー,対人距離,口調などノンバーバルコミュニケーションのうち,例えば表情の分析では,「額・眉・鼻根」,「目・鼻・頬」,「口・唇・あご」の3領域の概観の変化で情動を分析するイザード (Izard, C. E.) の MAX (Maximally Discriminative Facial Coding System) や,眉,上瞼,唇,頬など,44個の顔面のアクション・ユニットの変化を観察し,表情を客観的に捉えようとするエクマン (Ekman, P.) の FACS (Facial Action Coding System) がある。

(2) 面 接 法

a. 面接法とは

面接法は質的データを扱うことに適しており,調査的面接と臨床

的面接に大別される。調査的面接における語りとは，語り手(インフォーマント)と聴き手(インタビュアー)の相互交流を重視し，研究目的を把握することに向かって共同構築していくものである。両者の関係性(ラポール)を重視し，語り手とその語りを尊重する。臨床的面接においてもラポールの形成が前提となる。臨床的面接での語り手(クライエント)は何らかの症状や問題・困難を抱えている。面接の場は構造化され，聴き手(カウンセラー)は相談受け共同で問題解決に取り組む役割を担う。

b. 面接法の特徴

面接法の長所として，行動の背景にある動機，個人的体験に伴う感情，人生における価値観など，個人についてよく知りたい時に使用する手法として適していることがあげられる。面接法は，表面的になりがちな質問紙法などの検査研究より，深く聴くことができる。しかし，ラポール(rapport)を確立できなければ表面的にとどまる危険性もある。

その他，言語的コミュニケーションが前提となるので，得られる情報がインフォーマントやクライエントの言語表現能力と自己洞察力に依存するため，言語表出が困難な乳幼児や言語障害あるいは知的障害のある人には適していない。また，面接法では，一般的には少数のサンプルになる傾向がある。多数のサンプルに実施するにはある一定の聴く能力を持った聴き手が必要である。また，データの整理の過程においても面接者のバイアスが入らないように留意しなければならない。

c. 面接法の種類

面接法には，構造化面接，半構造化面接，非構造化面接(自由面接)がある。

① **構造化面接**：あらかじめ設定された仮説に基づいて一連の質問項目が調査票に準備されており，面接はそれに従って行われる。質問の順序や内容が定まっており，面接者の影響が少なく，データの客観性は保たれているが，得られるデータも表面的なものにとどまる。

② **半構造化面接**：構造化面接よりは面接者の自由度が高く，追加の質問や疑問点を問うことができる。質問内容はある程度決まっているものの，回答にあわせて質問の順番を入れ替えることができる。質的な調査では最も多く用いられる。

③ **非構造化面接**（自由面接）：自由形式で行われる面接であり，面接での質問内容，質問の順序は問わない。語り手の話の流れのコントロールは緩やかであり，語り手の主体性や自由度を最大限尊重する。

さらに臨床的面接を面接の目的で分けると，診断面接，治療面接がある。

① **診断面接**：精神状態の診断治療や社会福祉的援助のために必要な情報を引き出す目的の面接である。構造化から半構造化面接が多い。

② **治療面接**：診断面接の結果に基づき，カウンセリングや心理療法が行われる。非構造化から半構造化面接が多い。

d. 面接法で必要とされるスキル

調査的面接は詳細な分析手続きとスキルが必要とされる。質的データのデータマイニングの古典的方法として，KJ法（川喜多，1967），グレイザーとストラウス（Glaser, B.G., & Strauss, A.L.）が提唱したグラウンデッド・セオリー・アプローチ（Grounded Theory Approach；GTA），修正版GTAがあげられる。GTAに関しては，臨

床的面接のプロトコル分析にも使用されている。いずれの方法においても面接内容を文字データとしておこす必要がある。発言者が語り手か聴き手のどちらかを特定できるように，また，沈黙，強調，驚き，疑問，笑，沈黙，抑揚などもわかるように記録することが望ましい。

以下，福原(2007)『マイクロカウンセリングの技法』を参考に，臨床的面接で必要なスキルをあげる。

① **観察技法**：非言語行動(姿勢，視線，表情，声のトーンなど)を読み取るスキル。
② **開かれた質問・閉じられた質問**：クライエントが話すことをできるだけ促進するため，開かれた質問のほうが好ましい。よくない応答例として，オウム返し，考える時間を与えない，すぐに解釈する，的確すぎる指摘，相手のレベルにあっていない応答，簡潔でない応答などがあげられる。
③ **励まし**：「うんうん」「そうですね」「なるほど」といった相槌などにより，「聞いていますよ」という安心感を与えながら，さらに情報がもたらされるようにクライエントの会話を促す。
④ **言い換え・要約**：「今のはなしは，つまり・・・ということなのですね」といったクライエントが混乱している時の理解の手助けとなるスキルで，いわば"情報交通整理の役割"を持つ。面接終了時のまとめなどに有効である。
⑤ **感情の反映**：「・・・なので(経験，行動)，・・・・とお感じなのですね(感情)」など，クライエントの感情を受け止め反映することで自己理解を促す技法であり，クライエントに対する共感的理解が必要である。

⑥ **意味の反映**：クライエントのことばだけにとらわれず，表現できなかったことも汲み取る。
⑦ **対決**：クライエントの中にある矛盾や葛藤と直面するにあたり，クライエントが抱える問題に対して新たな道筋を見出せるよう援助する。
⑧ **沈黙の取り扱い方**：クライエントのことばを待つ，あるいはことばを促すなどの手助けを行うためには沈黙の意味を汲み取る必要がある。

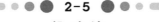

2-5 投映法

(1) 投映法

投映法とは，あいまいでいろいろな解釈のできる刺激を呈示し，自由な反応を求め，欲求，感情，防衛などの内的世界やパーソナリティ特性を捉える方法である。何を測定しようとしているのかがわかりにくいため，意図的あるいは無意識的な隠ぺいや虚偽などの歪みが生じにくいという長所がある。その反面，回答の自由度が高く，結果の解釈が難しいため，評定者の主観が評定に関与し，評定者間でも不一致が起こりやすく，質問紙法に比べて信頼性と妥当性が検証しにくいという制約がある。

(2) 投映法の種類

臨床現場で使用される投映法の検査は，構造化の高い順に文章完成法テスト(Sentence Completion Test; SCT)，PFスタディ，主題統覚検査(Thematic Apperception Test; TAT)，ロールシャッハテスト，

樹木画テストなどの描画テストがある。ここでは樹木画テストと文章完成法テストを紹介する。

a. 樹木画テスト

描かれた樹木が人物像を示すと考えるのが樹木画テスト(バウムテスト)である。バウムテストでは，検査にあたり「実のなる木を1本描いてください」と教示する。このとき，「絵の上手下手をみる検査ではないので，気楽にかつ丁寧な気持ちで描くように」伝える。受検者(クライエント)からの質問に対しては「思ったように描いてください」とだけ答え，描画中に声掛けや絵の批評は控えて共感的な姿勢で見守るようにする。また，描画後の質問(Post Drawing Interview; PDI)として，「この木は何の木ですか？」「この木についてどう思いますか？」と尋ね，検査者の気づきや受検者の反応を記録する。

実施後の解釈としては，まず，全体的評価を行う。全体的評価は文脈にしたがって解釈を行う，検査者には芸術性(art)のスキルが必要である。木全体を眺めたときの第一印象「この木を描いた受検者

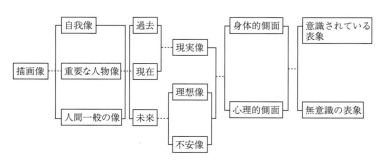

図 2·3 描画像の図式
出典) 高橋・高橋(2003)

は何を感じ、何を訴えようとしているのか、他者(外界)をどのように見ているのか、自分自身をどう見ているのか」の観点から、①知能を含んだ一般的適応水準、②情緒や精神の成熟度、③精神的安定性、④パーソナリティの統合と混乱の状態、⑤自我の拡張と収縮の傾向、⑥自己と外界への基本的な認知の仕方、⑦行動の統制力、⑧脳機能障害の可能性を検討する。すべての点を検討するというよりは、クライエントが現在抱えている問題や改善をもたらす本人の肯定的資質の文脈に合致した点に焦点を当てる。

次に、樹木の表す人物像について考慮する。「実のなる木を1本書いてください」の教示文のときは、一般的には1本の樹木は自己像を示す。しかし、時には重要な他者(父母など)を示す場合もあり、複数本(集団)を描く場合もあり、サインの多義性を検討する必要がある。さらに、木の位置、筆圧、震えや破線といった描線の性質などの形態分析と、樹木を構成する幹や根、樹洞(うろ)、実や葉の有無や特徴、地平線や背景の有無などの内容分析(science の部分)に対しても注目(考慮、検討)する。一般的に使用頻度が高い投映法で、性差、発達差、その他の属性別、出現頻度が分類される。

b. 文章完成法テスト(SCT)

文章完成法は、「連想検査」が変化したもので、エビングハウス(Ebbinghaus, H.)の不完全な文章を用いた実験をヒントに「子どもの頃、私は・・・」「私が心をひかれるのは・・・」「もし私の父が・・・」などの不完全な文章の続きを自由に完成させるものである。佐野・槇田(1972)によれば、SCT はパーソナリティの生物的要因および心理的要因と環境要因の全体的分析に有用であると考えられている。槇田(2001)では、パーソナリティ要因を、知的側面(精神的分化、時間的場面的見通し、評価の客観性)、情意側面(クレッチマーの分裂

気質, 循環気質, 粘着気質＋ヒステリー気質, 神経質), 指向的側面(目標, アスピレーション(向上心), 生活態度, 価値観, 人生観, シュプランガーの価値的態度(経済型, 理論型, 審美型, 宗教型, 権力型, 社会型)), および力動的側面(コンプレックス, 安定－不安定(不安, 攻撃性)), 身体的要因(容姿, 体力, 健康), 家庭的要因(生育歴, 家族構成, 親の性格, 兄弟の有無と性格, 社会経済的状況), および社会的要因(友人, 職場, 仕事, 地位, 不満)についてをスコアリングし, ヒアリングおよび観察することにより, 統合的に理解しようとする(図2・4)。

SCTを自己の領域に特化したものに, 20個の「私は・・・」に続く文章を自由に思いつくまま記入を求める20答法(Twenty Statements Test, TST)がある。TSTはアイデンティティの測定に用いられ, 自分らしさ, 存在証明, 主体性, 自己意識など自己イメージをとらえることに適している。受検者が自己をどのように定義しているかについて, 記述数や内容の特徴による分類, 外面的・表面的特徴か, 内面的・心理的特徴か, また, 記述された文章に負荷された感情が中性的か肯定的か否定的か両面価値的かによって分類する。外面的・表面的特徴とは, 性別や所属など役割や立場としての社会的および客観的な自分であり, 早くに記入したものほどその属性を強く意識している。内面的・心理的特徴とは, 性格や嗜好など主観的で主体的な自分であり, 自分の行動・考え方・生き方に影響する要素である。

実施後の解釈として, 記述数や内容に注目する。記述数は自己意識の高まりを示す。内容に関して, 客観的な自己定義が多く, 人に知られたくない部分の自己開示がない場合は社会的である反面, 防衛的である可能性もある。記述された文章に付加された感情の分類

2-5 投映法

親の情報

＜家　庭＞
 ・家庭の状況（経済状況，社会的地位等）
＜両　親＞
 ・職業ならびに教育程度，　・知的側面（精神的分化，見通し，客観性）
 ・情意的側面（性格類型　特性），　・指向的側面（生活態度　希望）
 ・力動的側面（安定－不安定　コンプレックス），　・身体的要因（容姿・体力・健康）
＜兄弟姉妹＞
＜その他の人々（祖父母）＞
＜家庭の雰囲気＞
 ・調整／破たん，　・家庭における道徳性，宗教的教訓，しつけ

本人の情報

＜生活史＞
 ①乳幼児期
  ・出生地　　主に暮らした場所　　・出生時の状態（軽い，正常，重い）
  ・発育状態（早い，普通，おそい）・・・・知能／性格／身体　　・幼稚園
 ②少年期
  ・小学校　　　　入学・卒業の年，　　　場所
    成績／勉強への態度／地位／家庭（態度・地位・感情）／知能／性格／身体
  ・中学校　　　　入学・卒業の年，　　　場所
    成績／勉強への態度／地位／家庭（態度・地位・感情）／知能／性格／身体
　　　　　　　　　　月　経　初潮　　　歳　月　（規則的　　　）
 ③青年期
  ・前　期（16～18歳）
    社会生活（学校あるいは職業）／家庭生活／パーソナリティ
  ・後　期（19～24歳）
    社会生活（学校あるいは職業）／家庭生活／パーソナリティ
 ④社会生活
  ・職業の変遷（同一職業の者はその年代的変遷）　年，動機，経済状況，転職の理由
  ・現在の職業　　　職種並びにその職場の雰囲気／地位／経済的条件
  ・目標，自己と社会の評価　　・対人関係，　・職場以外の生活，　・問題点
 ⑤家庭生活
  ・結婚した年，　・経緯，　・相手のパーソナリティ，　・性的生活
  ・うまくいってる点，いかない点，　・子どもの問題，両親等の問題

図2・4　SCTにおける評価項目
出典）佐野・槇田(1972)より

では，中性的記述が多い人または肯定的記述と否定的記述が同数の人は，現実的で客観的であるとされる。肯定的記述と否定的記述の数を比較して，肯定的記述が多い場合は楽観的，否定的記述が多い場合は自己否定的，両面価値的記述がある人は葛藤があるがこれを認め乗り越える力があるとみられる。また，理想に関する記述と現実に関する記述の数を比較して，理想に関する記述が多い場合は向上心を示し，逆に現実に関する記述が多い場合は正直であるとみなされる。

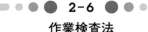

2-6 作業検査法

(1) 作業検査法とは

　作業検査法は，作業に表れるパーソナリティを把握する方法である。視覚や手指の運動の反応を必要とする道具を用いた作業により，その作業プロセスや結果から性格や傾向値が表れることを利用してパーソナリティを測定し，さらに職場適応や適性等を予測することができる。代表的なテストとして内田クレペリン精神検査がある。質問紙法と異なり，恣意的な虚偽反応が入り込む余地がないため客観的なデータが取れることが長所である。しかし，投映法のように深層心理的領域を測定することはできない。また回数が多くなると慣れの問題が出てくるため，体験回数を記載することが必要である。

(2) 内田クレペリン精神検査
a. 内田クレペリン精神検査の特徴

代表的な作業検査法に内田クレペリン精神検査(Uchida-Kraepelin Performance Test) がある。ドイツの精神医学者クレペリン(Krapelin, E., 1856-1926)が連続加算法を用いた実験心理学的手法を用いて,パーソナリティを計ることを想定した。クレペリンは作業結果から,人間の作業特性として「練習」「疲労」「慣れ」「興奮」「意志努力」の5因子を想定できるとした。

その後,内田勇三郎(元日本大学教授,日本精神技術研究所設立者)が日本語に翻訳し,1920年代から統合失調症など精神病患者にクレペリン作業検査を実施したところ,加算結果に一定の傾向があることに気づいた。意志や思考の障害から精神障害へアプローチしようとしたクレペリンの研究をもとに,内田が精神医学・臨床心理学領域の心理テストとして現在の形に発展させた。内田クレペリン精神検査では,テスト用紙に印刷された数字列を連続して加算し,その結果である作業能率の時間的推移を表す曲線(作業曲線)のパターンを分析することで,行動特性を把握する。実施方法は,練習2分,本検査(前期)15分,休憩5分,本検査(後期)15分である。作業曲線のパターンに基づいて,作業の結果から仕事の能力や物事に対する取り組み姿勢,根気,集中力,練習効果,疲労などを見ることで,パーソナリティや精神機能の診断を行うものとして広く活用されて,現在においても進路適性検査,新規採用や職場適正配置のために産業界においても広く活用されている。

b. 実施手続き

日本精神技術研究所(1975)を参考に,実施手続きを紹介する。まず,作業曲線を引き,誤答や回答飛ばしのチェックを行い,作業量の判定を行う。次に,作業の質の評価を行うため,①平均誤謬量(＝語答数合計／30),②V字型落ち込み(＝平均作業量の2分の1以

上の落ち込み)，③動揺率(＝最大作業量－最小作業量／平均作業量)，④休憩効果率(＝後半平均作業量／前半平均作業量)，および，⑤初頭努力率(＝1行目の作業量／平均作業量)の項目を算出し判定する。

c. 解　析

以下に「定型曲線」を示すパーソナリティの特徴と「非定型曲線」を示すパーソナリティの特徴についての解釈を比較する。

定型曲線は，誤答がほとんどなく，作業量が極端に低くない，作業前半の曲線はU字型またはV字型で，作業後半の曲線は右下がり，後半の作業量が前半を上回り，かつ後半1行目が検査全体を通して最大である曲線の形を示す。定型曲線を示す性格・行動特徴は，人柄が素直で，仕事をしようと思うときに命じられたことをただちにその仕事に取り掛かり没頭でき，同じ仕事に長時間従事してもむらなく適度な緊張感を保つことができ，仕事になれるのが早く，疲れにくく，事故や災害または不慮の失敗を引き起こすことが少ない。

一方，非定形型曲線の特徴は，誤答の多発や作業量の著しい不足があり，後期作業量の下落や初頭の著しい出不足がある曲線を示す。その他，曲線の中に大きい落ち込みや大きい突出，あるいはその両方を示す激しい動揺がみられるか，逆に動揺の欠如を示す。一般的には，作業量の少なさや誤答の多発は不注意，初頭の出不足は慣れにくさ，後期作業量の下落は疲労や持続力あるいは意志や努力の乏しさ，曲線の大きな波は気分の不安定さ，動揺の欠如は強迫性を表すと考える。一方で定型，非定型を弁別する妥当性については議論がある。

2-7
研究倫理

　パーソナリティ心理学は，人間の特徴そのものを対象とし，個人情報を扱うため，倫理的な配慮が絶えず必要になり，多くの議論がなされてきて，比較的倫理意識が高い学問分野と考えられる。パーソナリティ心理学研究においては，医学や生理学のように体内に物質を摂取するということは少ないものの，多かれ少なかれ心理的な影響を与えるため，研究協力者への影響に注意深く配慮する必要がある。パーソナリティ心理学研究の手法は，いずれも研究者と研究協力者の間の人間関係が大きく関わるものである。人間に好奇心がありながらも人を客観的にみざるをえない悲しい学問（上村，2005）の一面もある。例えば，臨床心理学の基礎的な研究で提供された資料を客観的にまとめ，援助が必要な人がそこにいることがわかっていても支援は行わないなどである。また，観察法では，観察対象に気付かれて不快な気分にさせてしまう危険性にも気をつけなければならない。また，パーソナリティの検査法において，知能は今も昔も議論の多いテーマである。その他，実習での学生個人の検査結果をどう扱うか，行動遺伝学的研究で高い遺伝の予測力が出たときのフィードバックをどう行うかなど配慮すべき点は多い（安藤・安藤，2005）。現在はスクールカウンセラーは学校ではほとんど知能検査は実施しないが，教育相談機関では就学相談のために実施が必要な場合も，保護者の了解をとって施行し，必ずフィードバックを行わなければならない。

　人間関係から派生するパーソナリティ心理学の倫理は，参加者や対象者との関係性の基本的人権を守ることが主である。事前に研究

の目的とリスクに関する情報を開示するインフォームド・コンセント(説明と同意)が必要であるし,事前に十分な情報開示が必要である。これが不十分になる場合には,研究完了後に協力者に対して研究内容に関する事後説明としてのデブリーフィング(debriefing)が必要となる。また,研究を実施する前に,研究コーディネーターや協力者本人にとって都合の悪い結果が出たときのフィードバックについても配慮する。プライバシーの保護と守秘義務は必須となる。面接法では個人情報を扱うため,個人が特定されないような公開のし方,厳重な情報の管理が求められ,特にカウンセラーには守秘義務がある。公認心理師法案が成立し国家資格となるため,これから倫理的義務を守る責任は益々大きくなるだろう。

　研究の成果を公開するにあたり,データの改ざんは言うまでもないが,先行研究の著作権を守る,引用をきちんとして剽窃を避けるなどにも留意する必要がある。研究協力者に対する倫理としては,ヘルシンキ宣言が代表例である。侵襲的な実験の場合,例えばネガティブ画像の呈示,ネガティブ記憶の想起など,これら多くの配慮すべき事項が生じるものの,一方でパーソナリティ心理学者の活動の豊かさ,複雑さ,重要性を反映したものであると考え,近年ではパーソナリティ心理学研究の進展を妨げないポジティブ倫理やアクティブ倫理が必要と考えられている。

◖ま と め◗
❏ パーソナリティをどのように捉えるか,測定する方法の2点を中心的に学習する。パーソナリティを継時に安定した特徴として捉えるか,状況の影響や発達的影響を受けて変化する特徴として捉えるか,状況に依存して安定した特徴として捉えるか,の見方を紹介した。
❏ パーソナリティの正常性と異常性の基準を検討した。パーソナリテ

ィの測定方法として,質問紙法,投映法,作業検査法のそれぞれの特徴をつかみ,各カテゴリーに属する代表的な心理検査を紹介した。

◀より進んだ学習のための読書案内▶

日本心理学会認定心理士資格認定委員会(編)(2015).『認定心理士資格準拠 実験・実習で学ぶ心理学の基礎』 金子書房
☞心理学研究の方法を,学部レベルの実験演習の題材を使いながら,幅広く,またわかりやすく理解できるように構成されている。

大野木裕明・渡辺直登(2014).心理学研究法 改訂新版 放送大学教育振興会
☞実験法,質問紙法,面接法,観察法,心理検査法といった基本的な研究法の論理や,実証を重んじる心理学の実証スタイルとその限界を方法論別に理解することができる。

3章

代表的な伝統的パーソナリティ論

パーソナリティのビッグセオリーをたどる

キーワード
学習理論，進化論，動機論，精神力動理論，防衛機制，特性論，語彙仮説，ビッグ5，類型論，現象学的自己論，認知論，社会的学習理論

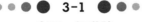

3-1
生理・行動論

　各パーソナリティ特性を示す行動に関し，生理学的にまた学習の観点から説明する「生理，行動論」の代表的研究者として，ワトソン，スキナー，アイゼンクを取り上げる。

(1) ワトソン(Watson, J.B., 1878-1958)

　進化論の影響をうけて成立した1907年の優生断種法とは異なる立場として，ワトソンの行動主義が成立した。パブロフ(Pavlov, I.P.)のレスポンデント条件づけを確かめる動物の行動実験が主流の中で，ワトソンは人間を対象にした実験を熱心に行った。その結果，

ワトソンは，人間の行動は特定の条件が与えられれば，予測しうるばかりではなく統制でき，遺伝とは無関係にどんな風にも訓練可能だ，と主張した。ワトソンは助手のレイナー(Rayner, R.)とともに，生後9カ月のアルバートへの恐怖条件づけの実験を行い，2カ月後に再実験を行った研究が有名である。恐怖症の反応の形成のメカニズムの検証のみならず，その消去法はのちの行動療法へと発展した。

a. 行動主義とパーソナリティの形成

ワトソンは「行動主義者からみた心理学」(Watson, 1913)の中で，心理学は行動の科学であるべきで，意識の内観の研究であってはならず，あらゆる精神主義的概念を廃して，刺激と反応のような行動概念のみを用いるべきであり，また動物と同様に人間も研究対象とすべきであり，心理学の最終目標は行動の予測と統制であると説いた。「もし1ダースの赤ん坊を預けてもらえるなら，当人の資質や趣味，性向や能力適性と無関係に，医師，弁護士，芸術家，犯罪者などに一人前にする」と表現したエピソードは，あまりにも有名である。このような主張はワトソンの生育歴と無関係ではない。ワトソンはアメリカのサウスカロライナ州の貧困家庭に生まれ，母親は信仰に厚かったが，父親は飲酒癖があり，ワトソンが思春期のときに家を出て行った。その後ワトソンは反抗的で暴力的，しかし学業成績は優秀という青年に育った。シカゴ大学で博士号を取得したのち，1913年にジョンズ・ホプキンス大学で行った講義は後に「行動主義宣言」として知られる。

ワトソンが1924年に刊行した『行動主義の心理学』は，1920年代から30年代の育児のバイブルとして爆発的に売れた。しかし助手レイナーとの不適切な関係から大学を追われ，広告の仕事に就いた後，レイナーと結婚した。しかしレイナーが自分の夫であるワト

3-1 生理・行動論

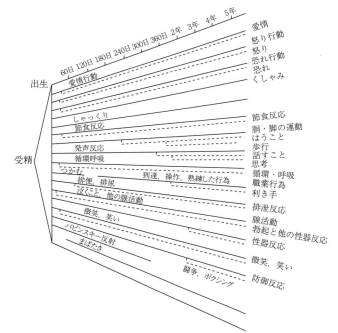

図3・1　ワトソンの考えたパーソナリティのモデル
実線は反射の始まりを示し，破線は形成された条件づけを示しており，
発達とともに行動が複雑になる様子を示している。
出典）Watson(1925)を一部改変

ソンの子育て理論の欠陥を認めるなど，心理学会を引退後も注目される存在であった。

b. ワトソンのパーソナリティ理論

ワトソンによるパーソナリティの定義は，「パーソナリティは十分に長い期間，実際に観察して見出された行動の総計であり，習慣の最終産物にすぎない」である。この定義はオールポート（Allport,

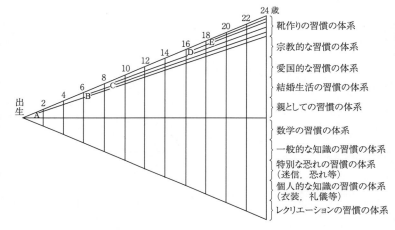

図3·2 ワトソンの考えるパーソナリティの発達(ある靴職人の場合)
ある個人のパーソナリティをその人を作り上げている習慣から理解する。
出典) Watson(1925)を一部改変

G.W., 1968)による「パーソナリティは個人の中にあって、その日の特徴的な行動と考えを決定する力動体制である」とは対照的である。図3·1は、出生時から幼児期に獲得する行動を記述したものである。またワトソンは、パーソナリティの発達についても行動の形成からなると考えた。行動の形成は、人間の活動を反射(無学習反応)と条件づけ(学習反応)から理解し、学習は「経験による比較的永続的な行動の変容」である。結果として、パーソナリティはその個人の生活や関心における優勢な習慣の体系から構成されていると仮定した(図3·2)。

(2) 刷り込みと学習

ローレンツ(Lorenz, K.Z.)は、オーストリア出身の動物行動学者

で，刷り込みが動物の発達段階の特定の時期「臨界期」に起こることを発見した。刷り込みは短期的に生じ，経験とは無関係に機能し，基本的に忘却はない現象である。一方，学習は刷り込みとは異なり，長期にわたり持続的に起こり，経験によって行動を形成し続ける。1969年にボウルビィ(Bowlby, J.)が「新生児の母親への愛情は遺伝的素因だ」と主張した背景には，この刷り込み現象の影響があったと考えられるが，学習理論では新生児と母親の相互作用によって愛情が形成されると考える。

(3) スキナー(Skinner, B.F., 1904-1990)

a. 新行動主義

スキナーは徹底的行動主義者である。有名なスキナー箱は弁別刺激と強化子と行動の関係を分析するもので，ギャンブル依存行動の形成の説明など，環境の変化に伴って行動が変化する仕方の分析を用いて多くの領域に影響を与えた。またスキナーはワトソンの条件づけの基礎原理をもとに，あらゆる段階でフィードバックが増加していく教育プログラムを開発し，子育てビジネスの分野でも著名である。その著『自由への挑戦』では，自由意志など幻想であって，行為者である主体の選択がその人の行動のすべてと人生をコントロールすると考えた。この後，刺激と反応(行動)の間に媒介変数を想定した方法論的行動主義とともに，新行動主義者の流れを作った。

b. スキナーのパーソナリティ理論

スキナーによれば，「パーソナリティとは，人生における行動に対する強化の歴史の結果として，信頼性をもって引き出された顕在的および潜在的な反応システムの総計である」と定義される。つまり，個人差は強化歴の違いによると考えた。パーソナリティは，生活史

を通して,ある個人によって自発された観察可能な行動の総体と見るべきであり,行動を説明するものであってはならず,行動そのものが性格なのであると主張した。フェイス(Feist, 1985)は,「パーソナリティがもし仮説構成体ないしは,生体に備わった何かとして定義されるならば,スキナーは虚構であるとしてそれを認めないであろう」と指摘しており,ワトソン同様オールポートとは異なる立場にある。

(4) アイゼンク(Eysenck, H.J., 1916-1997)

アイゼンクは生物学者であり,気質を心理学的かつ遺伝的に決定されたものとみなし,3つの次元から捉えた。第一の次元は「神経症傾向」である。神経症傾向の高い人は,「闘争ないし逃走」反応の閾値が低い。第二の次元は「外向性―内向性」である。内向性の高い方が覚醒の閾値が低く,脳は興奮しやすいため,平穏と孤独を求めるのである。一方,外向性の高い方が覚醒の閾値が高く,不活発で脳が興奮しにくく,他者との間に強い刺激を求めるのである。第三の次元は「精神病傾向」である。自己中心的,攻撃的,衝動的,非協調的,反社会的,創造的,意志の強さなどの特性の相互作用から構成されている。アイゼンクは躁うつ病に苦しみ自殺したゴッホ(VanGogh, V.W.)にみられる「創造的・包括的思考」は天才に共通している特徴と考えた。「創造的・包括的思考」の測定は容易ではないが,日本では恩田彰などがギルフォードの創造性検査を使用して,創造性の研究に取り組んでいた。

アイゼンクは芸術にも関心が高く,ドイツベルリンにて芸術親和性の高い両親(父親は舞台役者,母親は映画女優)のもとに生まれたが,両親は生まれてすぐに離婚,母方祖母に育てられた。戦時中ベ

ルリンを出てイギリスに渡り心理学を学んだという生育歴を持つ。

(5) 行動主義のパーソナリティ理論に対する批判

ダラード(Dollard, J.)とミラー(Miller, N.)は、精神分析と行動主義の共通点として、ハル(Hull, C.L.)のような緊張低減理論や初期学習の重要性を挙げているが、全体として両者はパーソナリティを全く異なる捉え方をしていると言ってよい。行動主義のパーソナリティ理論に対する批判の代表例としては「機械的」に捉えすぎるというものであろう。「空の有機体(empty organ)」と批判された。その後、刺激と反応の間に介在する認知過程の個人差を積極的に認める立場すなわち方法論的行動主義の新行動主義が登場した。スキナー箱では、環境からの刺激を重視して負の強化と正の強化を説明しているが、ワトソンとは異なり遺伝的傾向も重視している。スキナーは進化論の影響を受けており、遺伝的組成と環境への適合によって行動は統制されると考えた。

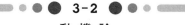

3-2 動 機 論

動機論とは人間の行動の動機を探求することでパーソナリティを理解しようとする立場である。動機論の研究者として、ジャネ、フロイト、アドラー、マクレーランドを取り上げる。

(1) ジャネ(Janet, P., 1859-1947)

フランスの哲学者、神経科学者、精神科医であるジャネは、人格の「解離」を個性記述的アプローチから研究した。1880年から

1910年までは人格の解離研究が盛んで,軽度の離人症から重度の多重人格までが研究対象とされた。ジャネは解離研究で有名なパリのサンペトリエール病院に勤務,シャルコー(Charcot, J.M.)に師事し,その後「ヒステリー」も共同研究の中で扱うようになり,フロイトに多大な影響を与えた。

(2) フロイト(Freud, S., 1856-1939)
a. 精神力動の基礎概念
パーソナリティへの精神力動的アプローチには,次のような特徴がある。

① **決定論**:「いかなる行動も偶然には起こりえない」と考え,対象としてヒステリー症状の疾病利得に注目し,無意識の動機を重視した。

② **パーソナリティの発生的起源**:「子宮から墓場まで」に至るパーソナリティの発達には連続性があり,特定の発達段階への固着がパーソナリティを特徴づけると考えた。例えば,心理性的発達段階でいう口唇性格への固着は議論好き,肛門性格は清潔を好み責任感のある強迫的な性格,性器性格は同年輩の異性の対象に愛情が向けられる正常に発達した性格と考えた。

③ **本能論**:本能を充足させるために多くの行動が生じる。精神力動的理論は,ダーウィンの「本能」の概念の影響を強く受けている。自我本能とは自己保存システムであり,性本能は種の保存欲求である。その他に破壊欲求もある。ここでの性欲と破壊欲求に基づく攻撃性は,正常なパーソナリティの中核をなすと仮定されている。

④ **力動的動機と行動**：行動と目標指向的な人間の動機システムを仮定し，生活に適応する際の行動は，意識的過程と無意識的過程の両方に持続的につき動かされていると考えた。

b. パーソナリティの構造

フロイトは最初，心を位相モデル（意識，前意識，無意識）で捉えていたが，その後，構造モデルで捉え，パーソナリティは，イド，超自我，自我の3領域で構成される心的構造を持つという構造論を唱えた。

フロイトは構造論において精神の機能を保つための心的装置を考えた。イドは無意識の欲求の宝庫であるが，良心や価値観を司る超自我と葛藤を起こすとき，自我の調整機能が作用する。特に，不安や葛藤，攻撃性等が生じたときに現実との折り合いをつけ，精神的な安定を保つための心の働きのことを防衛機制と呼び，抑圧（repression），投影（projection），同一化（identification），反動形成（reaction formation），退行（regression），合理化（rationalization），昇華（sublimation），知性化（intellectualization）があると考えた。投影法は，精神分析の構造論に基づいているものが多い。防衛機制の過剰な使用は神経症を形成する。フロイトは健康でよく適応している人は「愛と仕事の両方に専心できる人」と表現した。

c. フロイトの生育歴

フロイトは，母親から「私の黄金の息子ジギー」と呼ばれるほど自慢の息子であった。異性の親をめぐる同性の親との葛藤の発想はここから生まれたと考えられる。フロイトが育ったビクトリア時代は，いかなる社会も子どもに基本的欲求をそのまま表出することは悪と教え込まれたことが，幼児性欲説と抑圧などの防衛機制の発想につながったと考えられる。フロイトが4歳の時に家族がウィー

ンに移り，その後，成長し，医学の学位を取得したが，大学には残れず，結婚生活のため1886年に神経学を専門とする医療施設を開業した。ヒステリー患者との出会いから，独自の理論を提唱し，1908年精神分析学会をたちあげたが，ナチスにより弾圧をうけ，ロンドンへ移住した。

(3) 構造論と交流分析

フロイトの構造論を踏まえ，精神分析医バーン(Berne, E.)は，自己と他者とのやりとりで何が起こっているかを説明するために交流分析という分析理論を考えた。交流分析の基本的理念は，「私もOK，あなたもOK」と人間存在そのものを肯定するものであり，人は自分の運命を決め，その決定は変えることができると考えた。人が自分の認知・感情・行動に責任を持つことで自律性の獲得をはかることができる。

交流分析では，自我状態(①親(P：CP, NP)，②大人(A)，③子ども(C：FC, AC))の分析(**図 3·3**)と交流パターン分析，すなわち2人

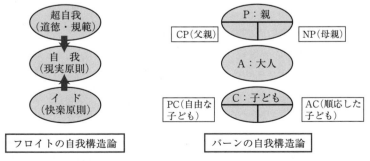

図 3·3　フロイトとバーンの自我構造論の対比

の間で交わされる言葉, 態度, 行動を分析して, 平行交流, 交叉交流, 裏面交流のいずれが生じているかを考える。日本においては自我状態のアセスメントとして東大式エゴグラム(Tokyo Universitiy Egogram; TEG)と日大式の自己成長エゴグラムが使用されることが多い。

(4) フロイト理論への批判

　古典的精神分析は基本的に, 逸話的な事例研究についての洞察に基づく解釈モデルである。フロイトが重視した幼児期の特定の発達段階で起こる外傷体験は, 大人の患者の回顧法に基づくもので, 幼児の行動観察に基づくものではないといった批判がある。精神分析理論は結果を解釈モデルに基づいて事後から説明し, 事前に予測することはほとんどない。また, 精神分析は, 精神障害の原因を無意識によって説明するため, 各概念の定義が曖昧で, 実証的なテストによる評価が困難であり, 客観的な診断を軽視する傾向が生まれた。また, パーソナリティを病理モデルで捉えるため, 防衛的でない, 健康な人の発達が説明しにくいといった批判が主である。フロイトの無意識を調べる方法, つまり自由連想法や夢の分析も, 認知主義の台頭に押されている傾向がみられる。抑圧された記憶についても疑問視され, ロフタス(Loftus, E.)らによって記憶の持つ妥当性が普遍ではないと実験的に示されている。

(5) アドラー(Adler, A., 1870-1937)

　アドラーはフロイトが幼児期の性的欲求を重視しすぎることに異を唱え, 独自の分析理論と個人心理学を提唱した。アドラーが最も重視したのは, 個人が学校教育経験など社会化する過程で体験する

劣等感コンプレックスである。健全でバランスのとれたパーソナリティは，外部からの要請に応え，目標を達成するごとに自信をつけていく。一方でバランスを欠いた人格は，「劣等感コンプレックス」と「優越感コンプレックス」にとらわれていると考えた。これは，アドラーの初期の職歴，つまり身体障害をかかえる患者とのかかわりが影響していると考えられている。アドラー自身は，5歳の時肺炎にかかったのを機に医師になることを決意し，ウィーンで成長して医学の勉強を続け，1897年にロシア出身の社会活動家と結婚している。

(6) マクレーランド (McClelland, D.C., 1917-1998)

マクレーランドは，実験心理学で博士号を取得し，経営マネジメントコンサルタントとしても著名である。作業効率を決定する動機づけの無意識的過程に注目し，仕事へと動機づける3つの欲求を達成，力，および帰属の欲求に分類した。達成への欲求が優勢の場合は質の高い仕事の達成が可能になり，力への欲求が強い場合はマネージャーやリーダーに向いており，帰属への欲求が強い場合は他者との良好な関係を保つことが可能になると考えた。

歴史学から外科医，そして精神分析医と転身したマレー (Murray, H.A.) が1930年代に考案したTAT（主題統覚検査）では，図版を見てストーリーを作る中で回答者の生活体験の中のエピソードが投映されると仮定している。マクレーランドはその答えを分類する仕組みを開発することで作業効率の測定を可能にし，これをビジネスのリクルートや経営マネージメントに応用した。

3-3
特 性 論

　特性論(trait theory)とは，さまざまな状況で一貫して現れる特性(trait)をパーソナリティの構成単位とし，個人それぞれがいくつかの特性をどの程度持っているかを量的に測定することによって，パーソナリティを記述し理解しようとする方法で，パーソナリティの潜在的連続性を仮定している。その代表的研究者としてオールポートを取り上げる。

(1) オールポート(Allport, G.W., 1897-1967)

　オールポートによれば，特性とは一貫性を持ち，個人の行動を方向づける傾向と定義される。オールポートが「遺伝子型」と呼んだ内的な力は，個人が情報を保持し，外界との相互作用においてどの特性を用いるかを決定し，「表現型」と呼んだ外的な力は，個人がその環境を受け入れ，自分の行動に及ぼす他者の影響をどのように認めるかを決定すると考え，パーソナリティが創造されていくと仮定した。また，後のポジティブ心理学にも影響を与えた。

　オールポートは，パーソナリティ研究では法則定立的接近と個性記述的接近の両方が必要と説いた。有名なオールポートとオドバード(Allport & Odbert, 1936)の語彙仮説は，最も重要で妥当なパーソナリティの差異は言語が反映すると仮定し，英語の性格形容詞1万8000語を抽出し，観察可能で恒常的な人格的特性とみなしうる形容詞4500語に集約した。これは後のキャッテルやアイゼンクのテスト開発に影響を与えた。

　オールポートは子どもの頃は内気で真面目であったという。兵役

の義務を果たした後、ハーバード大学で哲学と経済学を学んだ。その後、ドイツでゲシュタルト心理学を学び、1924年にハーバード大学で初めてパーソナリティ心理学を教えたことで知られている。

(2) その他の特性理論家とビッグ5

オールポート以外の特性理論家に、キャッテル(Cattel, R.)、ギルフォード(Guilford, J.P.)、アイゼンク(Eysennck, H. J.)がいる。オールポートの特性論は、性格特性語に関する辞書的研究から、状況普遍的な共通特性と状況限定的な個別特性に分けたが、アイゼンクの特性論は因子分析研究から共通次元特性を抽出した。さらにゴールドバーグ(Goldberg, L.R.)は、1980年代より共通次元特性の絞り込みを行い、ビッグ5研究が広く知られることになる。その5因子は、神経症傾向(Neuroticism)、外向性 (Extraversion)、開放性(Openness to experience)、協調性(調和性：Agreeableness)、統制性(誠実性：Conscientiousness)で、その頭文字を並べてOCEANとも呼ばれる。神経症傾向の側面は不安、敵意、抑うつ、自意識、衝動性、傷つきやすさ、外向性は暖かさ、群居性、断行性、活動性、刺激希求性、ポジティブ感情、開放性は空想、審美性、感情、行為、アイディア、価値、調和性は信頼、実直さ、利他性、コンプライアンス、慎み深さ、優しさ、そして誠実性はコンピテンス、秩序、良心性、達成追求、自己鍛錬、慎重さとなる。ビッグ5の代表的な測定尺度には、NEO-PI-R, FFPQ等がある。さらに近年では、ビッグ5の上位構造としてビッグ3(否定的情動性、脱抑制、肯定的情動性)が提唱された。否定的情動性は神経症傾向と、脱抑制は協調性や誠実性と、肯定的情動性は外向性や開放性の上位概念であるとされているが、さらに検討する余地がある。

その後，子どものビッグ5は，リトル5とも表現されるようになり，疫学調査によって情緒安定性，外向性，創造性，博愛，誠実性の5因子があげられている。情緒安定性，外向性，博愛はうつ病など内在化問題と非行など外在化問題の両方にかかわり，誠実性と創造性は外在化問題のみにかかわる（Fruyt et al., 2006）。

(3) 特性論についての批判

1890年にジェームズが世界初の心理学概論書『心理学原理』の中で，自己をI（知る自己）とme（経験する自己）の両方から定義づけた。つまり，ビッグ5も個人に内在する特性の次元か，我々が個人を観察するときの認知的構造であるのかの区別がつかない。また，行動との因果関係を説明せずに，行動と相関を持つ特性のラベルを特定しているにすぎない，パーソナリティの発達という概念を提出していない，法則性はしばしば変数間の相互作用であるため，本質的特徴の説明に失敗してきた，個人の独自性を表現しにくいといった批判がある。

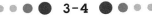

3-4 類型論

類型論（typology）とは，何らかの基準に基づいて，多様なパーソナリティの中に類型をみて，少数の典型的な類型によって人格を記述し理解しようとする方法である。個人の行動とその人の特性や分類のクラスを結びつけ，両者の関係を単純で明確に可視化しようと試みた。パーソナリティを離散的に捉え，他の分類とは重複しない少数の可能な分類のうちの1つに人を当てはめるという，全か無か

という分類法を用いた。類型論の代表例として、体液説、体型説、骨相説、研究者として、クレッチマー、シェルドン、フロム、ユングを取り上げる。

(1) 体液説・体型説・骨相説とパーソナリティ

a. 体液説

古代からの体液説が長年信じられてきた理由は、生理学を重視する傾向から身体的基礎が性格を規定すると考えられていたためとしている(村上, 2011)。同様のことは、体型説や骨相学にも共通すると言えるであろう。以下に代表的な体液説をあげる。

古代ギリシャでは、宇宙は4要素、すなわち空気、土、火、水から成り立つと考えられてきた。ギリシャ時代・ローマ時代から、それら4要素に対応する血液、粘液、黄胆汁、黒胆汁の4種類を人間の基本体液とし、それぞれが優勢な多血質、粘液質、黄胆質、黒胆汁質と気質を関連づけようとした。また、古代インドでは、宇宙の要素(空, 風, 火, 水, 土)をそれぞれピッタ、カパ、ヴァータという3つの体液に関連づけ、心身の不調があるときは、これらのバランスを整えるヴェーダ医学が用いられていた。

b. クレッチマーの体型説

クレッチマー(Kretschmer, E.)は1950年代、内因性の精神疾患(統合失調症, 躁うつ病)の患者の観察から、疾患ごとに特定の体型(細長, 肥満)との関係があることを見出し、一般人の気質と体型にも応用した。後にてんかん気質(筋肉質)を加えた。

c. シェルドンの体型説

アメリカの医師シェルドンと実験心理学者スティーブンス(Sheldon, W.H. & Stevens, S.S.)は、大学生4千人の身体写真の特徴

3-4 類型論

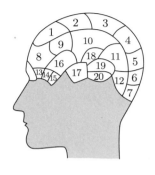

1：思考能力, 2：親切,
3：畏敬, 4：良心,
5：名誉欲, 6：隣人愛,
7：愛, 8：精神,
9：快活, 10：思想感覚,
11：慎重, 12：闘争欲,
13：色彩感覚, 14：秩序感覚,
15：数の感覚, 16：音楽性,
17：想像欲, 18：欲求,
19：寡黙, 20：破壊衝動

図 3・4　骨相説による大脳機能図
出典）相場(1963)

を分類すると 3 つの体型になるとし，大学生 33 名の大学生を対象に 1 年間の観察と 2 回の面接を行った。その結果，3 つのパーソナリティタイプを見出し，体型（内胚葉型，中胚葉型，外胚葉型）と気質の対応を図った結果，クレッチマーの類型論を支持した。シェルドンの気質尺度は 60 項目から構成され，クレッチマーの肥満型，筋骨型，細長型に対応させて，内臓緊張型，身体緊張型，頭脳緊張型と分類される。

d. 骨相説

ドイツの解剖学者ガル(Gall, F.J.)は，19 世紀の初めに，脳は心の座であるから，脳の形は頭蓋骨の形が心を反映していると考え，頭蓋の領域ごとに司るパーソナリティの領域の分類を試みた（図 3・4）。その後，イタリアの犯罪学者ロンブローゾ(Lombroso, C.)は，中枢神経系の発達を示す顔の類型から犯罪特性の予測を試みた。犯罪者は狭い額で，顔の左右非対称が目立つことを示唆したが，現在これらの知見がそのまま受け入れられているわけではない。

(2) 人生における価値の類型とパーソナリティ

a. フロム (Fromm, E., 1900-1980)

ドイツ出身の精神分析家フロムは，人間の主要課題は人生における関心に従って自分の人生を創造することと考え，個人の関心に沿ってパーソナリティを類型化した。例えば，「受容型」は選択せずに，自分たちの役割を引き受け，変化や改善を求めて戦ったりしないタイプ，「搾取型」は攻撃的で自己中心的で，搾取や剽窃といった行為に関わることもあるタイプ，「貯蔵型」は自分の所有物を維持するために戦い，常に所有物となり得るものを探し求めるタイプ，「市場型」は自分のイメージをどう売りに出せば成功するかに腐心するタイプ，「死姦型」は破壊だけを追求するタイプ，「生産型」は柔軟性と学習と社交性を通して，人生に対する筋が通った解決を純粋に追求し見出す，仮面をつけないタイプである。類似の類型論にはシュプランガーの人生における価値類型(理論型，経済型，審美型，宗教型，権力型，社会型)がある。

b. ユング類型論

ユング(Jung, C.G.)は，リビドー(生のエネルギー)の動く方向により，自己の内面に向かう内向型と社会的な活動に向かう外向型に大別した。この類型は，後の特性論でも確認され，ビッグ5の1因子となっている。

(3) 類型論に対する批判

類型論に対する批判の中心は，ステレオタイプ的な見方に陥る危険性に集約される。研究結果のエビデンスは，無作為化比較対照実験(Randomized Controlled Trial; RCT)研究のメタ分析等のレベル1と高いものから，症例集積研究のレベル4の低いものまであるが，

村上(2011)は上記にあげたほとんどの類型論が低いレベルのエビデンスしかないと指摘している。しかし，時代を反映したパーソナリティの考え方のルーツや，それをアンチテーゼとしてその後発展した研究の歴史を知ることは意味があると考えられる。

3-5 現象学的自己論

(1) 現象学的自己論

現象学的自己論では，パーソナリティは単なる部分の総和ではないと考える。個人の私的体験を統合する場の理論に関心を持ち，人間の成長動機と自己実現の重要性を強調する人間学派（人間性心理学）と呼ばれる研究者のうち，ロジャーズ，マズロー，フランクリンを取り上げる。

(2) ロジャーズ(Rogers, C.R., 1902-1987)

ロジャーズはアメリカのイリノイ州の厳格なプロテスタントの家に生まれ，1924年に神学校に入学したが，その後心理学へ転向した。ロジャーズは人間を基本的に健全で，自己の可能性を成長・実現させる力を持った存在とみなす。そのため精神分析や行動療法のように個人の病理をどう治療するかというモデルとは異なる立場をとる。

ロジャーズは，自己もパーソナリティも経験から作られる以上，瞬間ごとに提示されるさまざまな可能性に完全に開かれた状態であり続け，経験をして自己を形作らせると考えた。その意味で経験はパーソナリティ形成の出発点である。また，人間は絶対的現実世界にではなく，自分が見，聞き，感じる私的世界にあり，現象的な場

に反応する存在と考えた。この学派では，自己の捉え方について重要視する。

　自己評価(self-evaluation)とは，自分に対する自信の評価のことであり，親子関係，対人関係，ライフイベントの影響などの影響をうける。自己評価の高さは自尊感情，すなわち自己をよい能力や特性をもった肯定的存在として自己評価したときに生ずる感情を高める。理想とする自己と現実の自己の認知的評価にはある程度のギャップがあることが普通である。両者のギャップが適度な場合には，理想自己に向かうよう動機づけられた行動が起こるが，ギャップが大きすぎる場合には無気力になる危険性もある。また自己評価の高さには個人差がある。自己評価の高さと他者評価の高さからみて，他者評価とは異なり，自己評価が高い場合には，「ポジティブ幻想」となり，自己評価が他者評価と一致した場合には「自己受容

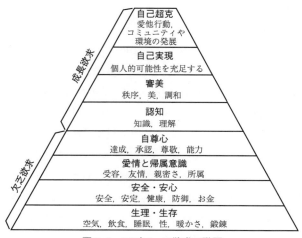

図3・5　マズローの欲求の階層
出典) Benson et al. (2012)

(self-acceptance)」となる.

(3) マズロー(Maslow, A.H., 1908-1970)

マズローは,人生における成功者の観察から,人間の欲求を階層化した(図3・5)。基本的な欠乏欲求(生理・生存,安全・安心,愛情と帰属意識,自尊心)から,成長欲求(認知,審美,自己実現,自己超克)へと発展していくと考えた。最終段階の「自己超克」は,自己実現を超え,同一性を追求し,個人の社会性さえも超越して,多視点的思考から世界を捉える究極の人間欲求を表すものとして,後に付け加えた.

マズローは7人兄弟の長子であり,両親はユダヤ系移民で,政治事情の悪化からロシアからアメリカにわたる。両親はマズローに期待し法律家にするため法学を学ばせ,マズローが自分で将来を決めて心理学へ転向するまで過干渉であった。そのため,人間は自分がなれると思ったものにならねばならないと考えたマズローは,両親にさからい,従姉妹と結婚した。霊長類研究の行動主義者ハーロー(Harlow, H.)とアドラー(Adler, A.)に師事したことも,欲求階層構造の提唱につながったと考えられる.

(4) フランクル(Frankl, V.E., 1905-1997)

フランクルはウィーン出身の精神医学者である。1942年に自分を含む一家が強制収容所に連行された体験を機に,自殺の防止と抑うつの治療についての研究に関心を持つようになる。収容所の3年間の体験を1946年に『夜と霧』に著述したことは有名である。人間には苦しく破滅的な状況を耐え抜く2種類の力,つまり決断の能力と態度の自由の能力があると考えた.

(5) 人間学的理論に対する批判

自己実現は生来的傾向なのか社会的に定義されるものなのか定義が曖昧である。人間学的理論では，自己を強調しすぎて行動を制御するとされる環境変数を軽視しているという批判がある。そのため，人間学的理論の立場にあるロジャーズはミスター内側，行動主義の立場にあるスキナーはミスター外側と，その対立を表現されることもある。

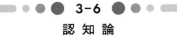

認知論

認知論(cognitive theory)は，行動主義に対する批判，すなわち「パーソナリティは反応を反復することで強化されるのであれば，創造的達成，革新，芸術，発明はどこから生まれるのか」といった問いから生じている。認知論では，パーソナリティの発達が社会的状況で生起し，認知と行動の両方に影響を与える学習過程の重要性を認識している。それが集約されたのは，バンデューラ(Bandura, A.)による社会的学習理論である。個人の独自性は，社会的刺激による社会的強化と個人的強化から成り，行動主義と同様に過去の学習の歴史と捉える。また，「自己や他者に対する一貫性の知覚」が実際にそこに存在するものなのか，見ている人の目の中に存在するものとして映るものかといった，人間の「安定性」と「恒常性」を求める知覚の問題もある。よく知っている人の行動パターンの予測は，一貫性と状況反応性まで含むのである。例えば「あいつならその状況ならそうするだろう」などである。認知論では，時間が経過した場合でも変化しない「真の自己」があるが，状況によって変化する部分

もあると考える。

認知論は相互作用論アプローチを支持する。①行動は個人と置かれている状況との双方向的な相互作用とそのフィードバックプロセスによって説明され，②この相互作用のプロセスにおいて，個人は意図をもった能動的なエージェントとして行動を制御する。また，③この相互作用における行動の決定因としての個人的要因は認知や動機づけであり，④この相互作用における行動の決定因としての状況要因は個人にとってその状況がどのような意味をもつかによって決まる。

(1) ミシェル(Mischel, W., 1930-)

ミシェルは，特殊な状況的変数において，選択された個人差変数との交互作用に焦点をあてた。個人差変数には，能力，記号化の方略，予期，個人的価値，自己制御システムが含まれる。

1960年代まではパーソナリティにおける遺伝の影響力が重視され，キャッテル，アイゼンク，およびビッグ5と特性論が隆盛であった。ミシェルは，パーソナリティ検査法から行動を予測しようとした研究を再分析したところ，精度が9％に過ぎないことを示し，1968年『パーソナリティの理論』の中で古典的パーソナリティ検査法はほとんど無価値であると結論づけた。時間を超えて状況が異なっても変わらない思考習慣の分析を行ったところ，「どのようにパーソナリティから行動を予測するか」から「行動がパーソナリティを明らかにするか」へ転換すべきと指摘した。パーソナリティをどのように理解しようとするかと考えるとき，新規の出会いの場合も出会いから時間が経過した場合でも，外見，交流，ふるまいからある程度わかる特性があるが，この特性も他者から引き出されており，

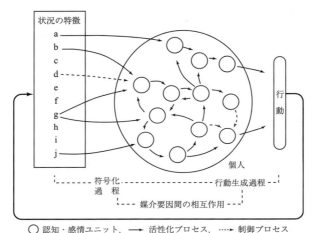

図 3·6　認知的・感情的パーソナリティシステム
出典) Mishcel & Shade(1995) を一部改変

他者が反応する総体的状況の一部であると考えた。このことからミシェルの考え方を，状況主義アプローチと呼ぶ。

ミシェルは異なる場面での特性と特性に関連した行動との相関は，一般的に高くても + 0.3 とした。その理由は，人間の「弁別力」によると考えた。このことからミシェルは「状況的一貫性」の立場をとる。例えば，自己モニタリング傾向の高い人は雰囲気や他者期待にあわせるので行動の一貫性は低いが，自己モニタリングの傾向が低い人は行動が一貫しやすいと考える。

さらに，ミシェルとショーダ(Mischel & Shoda, 1995)は [if-then pattern]を生み出す認知的感情的パーソナリティシステムを考案した。[if-then pattern]とは，状況と行動に安定性が見られるのは活性化するユニット同士のパターンがあるためであり，異なる状況ではまた別の安定した活性化パターンがあると考えた。

(2) バンデューラ(Bandura, A., 1925-)

バンデューラは，人間の行動のほとんどは条件づけによる直接経験ではなく，他者の経験に対する認知過程，すなわちモデリングを通じて学ばれるとして，1977年に『社会的学習理論』をまとめた。バンデューラは，スキナーのオペラント条件づけとフロイトの精神分析学の交差点を求めていた。例えば，バンデューラによる子どもの攻撃性の観察学習に関する有名な「ボボ人形実験」の結果をみると，攻撃的なモデリングを目にすることがカタルシスをもたらすとは考えにくい。バンデューラ以降，メディアの中の暴力は，行動モデリングの潜在的な源泉であり社会の暴力に影響すると考えられてきたが，現在に至るまでの数多くの研究結果から確固たるエビデンスは見い出されてない。また，社会的学習理論は社会スキルの欠如も徐々に修正可能として，社会スキル訓練に応用され，発達障害や精神障害，異文化適応など幅広く利用されている。

(3) セリグマン(Seligman, M.E.P., 1942-)

セリグマンは1970年代に動物実験から「学習性無力感理論」を提唱した。セリグマンは，親の自殺など不可避のネガティブライフイベントが子どもの帰属スタイル，特に物事に対する悲観的な帰属スタイルがパーソナリティを形成することに関心を持った。その後，ポジティブ心理学へと転向した。

ポジティブ心理学という用語は，現象学派のロジャーズの来談者中心療法やマズローの『人間性の心理学―モチベーションとパーソナリティ』の中で使用されていたが，現在ではベックの認知療法，チクセントミハイ(Csikszentmin, M.)の『フロー体験　喜びの現象学』，カバットジン(Kabat-Zinn, J.)の「マインドフルネス瞑想」と認

知論の中で発展を遂げている。

セリグマンは,幸福な人生には,良い人生(個人的な成長を追求し,チクセントミハイのフロー体験を実現する),有意義な人生(自分自身よりも大きな何かのために活動する),喜ばしい人生(社交的にふるまい,喜びを追求する)の3種類があると考えた。

3-7 諸理論の間の関係

これまでの各々の理論を車と樹木に例えて記述する。

(1) 車のアナロジー
① **特性論**:車の部分や構造を記述するカタログの提供(仕様書を提供する)
② **精神分析論**:車を動かすエンジンと燃料の提供(エンジンと燃料を重要視する)
③ **行動論**(学習理論):かじとりのハンドルと方向指示ランプ,鏡,その他の標準部品を提供(履歴の見られるカーナビ,ハンドル,ウィンカー,ミラーを調整する)
④ **現象学的理論**:目的に到達することそのものより,珍しい場所や旅行の工程を楽しむ男女を運転席に乗せる(誰が,誰を乗せて,何のために,どこまで運転するかを重要視する)

(2) 樹木のアナロジー
① **精神分析**:樹木の根っこを詳細に調べる
② **行動論**(学習理論):樹木に不足部分や成長させたい部分があ

れば，積極的に光をあて，水分を与える
③ **現象学的理論**：樹木の存在そのものを美しいと感じ，その成長可能性を信じる
④ **システム理論**：1本の樹木を森や林の群れと関連づけて見る

◀ まとめ ▶
- [ ] パーソナリティの各理論を整理した。学習理論，動機論，現象学的自己論を基本として，進化論の影響を受けた理論，社会的学習理論と密接な関係のある認知論まで，また統計学の影響を受けた特性論と古典的な類型論の考え方を紹介した。

◀ より進んだ学習のための読書案内 ▶

Feist, J., Feist, G., & Roberts, T. A. (2012). *Theories of Personality* 8th ed. New York : McGraw-Hill Edition.
　☞ Feist, J. による1985年の初版から，時を経て，著者を加えて，改訂を重ねている教科書である。23のパーソナリティ理論を紹介している。

佐藤達哉（編著）（2012）．『心理学史の新しいかたち』誠信書房
　☞遺伝か環境か論争やワトソンの行動主義など，パーソナリティ心理学においても歴史上重要な人物や理論の背景を，おもしろく読める。

ダニエル・ネトル／竹内和世（翻訳）（2009）．『パーソナリティを科学する―特性5因子であなたがわかる』白揚社
　☞特性論で取り上げたビッグ5の1つ1つの因子について，それぞれの長所と短所について丁寧に書かれている。

4章

現代心理学からのパーソナリティ心理学へのインパクト

遺伝環境の要因分離,探索型研究,脳科学の進展

◀キーワード▶

双生児法,非共有環境,人間性,(心的モジュールの)領域特異的,認知神経科学,認知考古学,脳イメージング

●●● 4-1 ●●●
人間行動遺伝学:
遺伝要因と環境要因の分離

(1) 双生児法―相加・非相加遺伝と共有・非共有環境

行動遺伝学(behavioral genetics)は一卵性双生児(monozygotic twins; MZ)と二卵性双生児(dizygotic twins; DZ)の遺伝子の共有率の違いと環境から受ける影響はほぼ同じであることを基に,遺伝要因と環境要因の影響力を分離して説明しようとする研究である。一卵性と二卵性の双生児を比較する**双生児法**(twin method)は**図 4・1**に示すように,一卵性双生児はその名の通り,1つの受精卵が発生の初期過程で何らかの理由で2つの卵に分かれてそのまま成長したケ

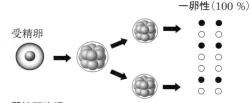

一卵性双生児
はじめ1つの受精卵が,卵割の初期に2つに分かれて,二人の独立した個体に成長したもの.

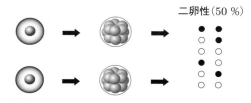

二卵性双生児
もともと2つの独立した受精卵から成長したもの.

図 4·1 一卵性と二卵性の遺伝的類似性
出典) 安藤(2000)を改変

ースであり,遺伝子は 100%共有している。二卵性双生児は同時に生まれたきょうだいであり,遺伝子の共有率は平均して 50%である(安藤, 2000)。人間行動遺伝学は一卵性と二卵性の遺伝率の違いという自然現象を利用して研究する。双子とその家族に研究協力者として各種データを提供していただき,また,心理学者として子育てや教育の相談等に応じる等しながら研究を進めていく。慶應義塾大学や東京大学教育学部附属中学校等に双生児研究プロジェクトや双子学級がある。

身長や体重,知能やパーソナリティのような量的な形質の遺伝を説明するモデルは,量的遺伝学といわれるが,一卵性双生児の相関

4-1 人間行動遺伝学：遺伝要因と環境要因の分離

図 4·2　非相加遺伝効果
出典）安藤（2000）より

が 1.0，二卵性双生児が 0.5 になることはない。これは，その行動の形質が完全に遺伝子の効果量を加算していく「相加的遺伝」だけで決定されていないからで，遺伝には優性劣性がかかわる「非相加遺伝」もある。例えば，図 4·2 に示すように，目や鼻などの顔のパーツは両親のいずれか一方からランダムに受け継ぐが，顔立ちの美しさや全体としての美しさないし男らしさは伝達されない。同様に，環境についても家族が同じものを食べ同じ生活習慣を持つなど，きょうだい同士が共有する「**共有環境**」と，きょうだいを似せなくさせるそれぞれ独自の環境としての「**非共有環境**」がある。人間行動遺伝学は相関係数や後述する構造方程式モデリングを用いて，行動に及ぼす遺伝と環境をこれら 4 要因に分けようとする研究法である。

(2) 行動遺伝学の研究法—構造方程式モデリングと分子生物学

　行動遺伝学では遺伝要因，共有環境要因，非共有環境要因の寄与率を**構造方程式モデリング**(structure equation modeling; SEM, 共分散構造分析ともいう)という仮説検証のための統計学を用いて分析する。この手法は互いに関連し合う多くのできごとの背後に，原因となる複数の要因を仮定して，その要因間の統計的因果関係について仮説的なモデルを立て，その妥当性を検討する方法である。実際のデータをそのモデルの基で解いて，当てはめた実測値がその仮説的なモデルにどの程度適合しているかを評価する手法である(安藤, 2014)。分析対象の多くの知識が蓄積されていて，完成度が高く洗練されたモデルが提案されている行動遺伝学にとっては極めて有用な分析手法となっている(豊田, 1997)。

　人間行動遺伝学の研究初期においては，一卵性と二卵性の遺伝率の差をもとに，親子，きょうだい，従兄弟というような血縁関係の遠近に伴う遺伝率の違いを相関係数で分析していた。その後，双生児法に構造方程式モデリングが導入された。構造方程式モデリングの出力結果の一例として図4・3を示した。図は遺伝環境構造を多変量遺伝分析した日本の敷島らの最適解だが，相加的遺伝要因(A)が潜在的共通因子(一般因子g)を説明する割合は80％であり，非共有環境(E)共に，共通因子を介して，推理，言語，空間性の各種能力を説明している。このように遺伝と環境が共通因子を介して影響する場合は共通経路モデルと称されている。

　遺伝子を構成しているDNA配列の変異によって生じた遺伝情報の変化が，新しい種を生み出すほどではなく，多様性を生み出す程度にとどまり，それが集団の中である程度一定して存在した時，それは**遺伝子多型**(genetic polymorphism)という個体差の源となる。

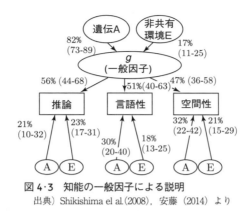

図 4·3　知能の一般因子による説明
出典）Shikishima el al.(2008), 安藤（2014）より

これには，目の色や髪の毛の色の違い等があるが，これは分子生物学の一翼を担い，パーソナリティや能力などの心理的な個体差や多様性の分子レベルでの解明につながると今後の成果が期待されている。

共分散構造分析法は AMOS, SAS, LISREL などの統計パッケージが準備されていて，パソコンのプログラム上で仮説をモデル図として作成し，実測値を入力すれば，指定した仮説モデルに基づいて計算結果が出力される。そこで複数のモデルの適合度の良さを比較し，修正値を基にモデルを最適化できるプログラム・パッケージが用意されている。

(3) 知能とパーソナリティへの遺伝と環境の影響

心理的・行動的形質のほとんどは，その形質を説明する要因は相加的遺伝要因(A)と非共有環境(E)であり，驚くべきことに，共有環境要因(C)は個人差をほとんど説明しない。したがって，共分散構

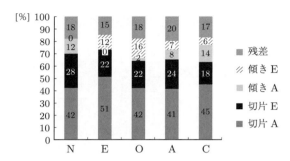

図 4·4　パーソナリティのビッグ 5 に及ぼす遺伝・環境の割合
出典）Bleidon et al. (2009)，安藤（2014）より

造分析モデルでいえば，AE モデルが最適モデルになる。

　そこで知能とパーソナリティに及ぼす遺伝と環境の影響だが，先に示した**図 4·3** は三段論法による推理能力と言語性と非言語性（空間性）の知能の分析結果である。**知能**は遺伝規定性の高い単一の因子で説明されることが多いようだが，この結果がプロミン（Plomin, R.）らが主張する知能のジェネラリスト遺伝子説を支持するのか，それとも測定している能力が学校知能に偏っているためなのかは慎重な検討が必要であろう。

　図 4·4 はパーソナリティのビッグ 5 の遺伝環境割合を示している。安定性を示す切片（レベル）に 41～51％と大きい遺伝の影響（A）が，変化を示す傾きには E の外向性と O の開放性を中心に非共有環境（E）が，N の神経症傾向と C の誠実性は遺伝的影響（A）が相対的に影響している（A は調和性）。また，パーソナリティは発達的に変化するが，その変化の仕方は必ずしも環境要因のみによってもたらされるのではなく後発的に発現する遺伝の影響があり，**遺伝的創**

発と称されている。

これらの結果から，①ヒトの行動特性はすべて遺伝の影響を受けている(第1原則：遺伝要因の普遍性)。②同じ家族で育てられた影響は遺伝子の影響より小さい(第2原則：共有環境の影響力の希少性)。③複雑なヒトの行動特性の個人差の大部分は，遺伝子や同家庭環境の影響では説明できない(第3原則：非共有環境の優位性)を明らかにしているとして，これらを行動遺伝学の三原則と称されることがある。

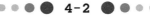

4-2 進化心理学：仮説や理論生成を目的とした探索型研究

(1) 人間性—起源とその中核概念

人間が進化の産物なら，人間性のさまざまな側面，心も進化してきたはずである。進化の産物としての生物の制約と特徴を考慮に入れることによって人間性はよりよく理解できる。淘汰をうながす適応上の問題を明らかにすることで，心の発生の道筋や特徴も明らかになるはずである。**進化心理学**(evolutionary psychology)は進化の観点から人間行動を説明しようとする。人間の心理メカニズムのような複雑な適応形質が作られるには非常に長い期間にわたって，安定した同一の進化的選択圧が働く必要がある。人類は今から約1万年前に農耕を始め，それからというものは激しい環境の変化に曝され続けている。そこで，農耕開始以前の狩猟採集生活を営んでいた更新世(約180万～1万年前)こそが進化的には心の進化の時期に違いないと考えられている。ヒトがヒトとしての適応を遂げてきた

本来の環境をイギリスの心理学者ボウルビィ(Bowlby, J., 1969)はヒトの適応環境(Environment for Evolutionary Adaptation; EEA)と呼び,進化的視点を取り入れているが,この適応的心理メカニズムは,決して固定的な行動を導くプログラムではなく,周囲から重要な情報を抽出し,それらを評価することによって意思決定を行うアルゴリズムであったであろう。したがって,**狩猟採集生活**で生きていくには,周囲の自然を熟知し,自然の恵みを最大限に利用して衣食住をまかない,捕食者を避け,病気やけがに対処し,子どもを育て,その知識を子どもに伝達していかなければならない。また,周囲の人々と協力し,争いを解決し,社会関係を調整していかなければならなかったであろう。加えて,社会関係の中でのだまし合いについても,だまされないように嘘を見抜くこと,相手の心を読む能力(心の理論)などは一貫して要求されたであろう。これは案外,現代の都市社会でも同じと考えることもできるが,ミスマッチもある。例えば,砂糖,塩,脂肪の慢性的取り過ぎに警告を発するメカニズムを我々は持ち合わせていない。

　進化心理学は,後述するように一部に仮説検証型の研究が含まれているとはいえ,基本的に**探索型**(仮説提案型)**研究**である。既成の諸学問の成果を新しい枠組みで総合し,新たな問題の立て方を提供するところに特徴と意義が認められる研究である(長谷川, 2001)。

(2) 心的モジュールの領域特異的と機能的特化

　人間の心的プロセスについて,認知革命以来,コンピュータをモデルにして認知や記憶の情報処理モデルが多数提案されてきたが,それらは汎用モデルであった。ところが,心理メカニズムの大部分

4-2 進化心理学：仮説や理論生成を目的とした探索型研究

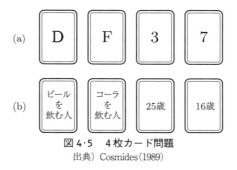

図 4・5　4 枚カード問題
出典）Cosmides (1989)

は**領域特異的** (domain-specific) な入力条件をもち，機能的に特化 (functionally specialized) していると考えられるようになってきている。

コスミデスとトゥービー (Cosmides, L. & Tooby, J., 1992) は，ヒトではお返しを期待して他人に利益を与える互恵的利他行動が著しく進化しているが，このためにはただ乗りを厳しく見分ける能力が不可欠と考え，古典的な「**4 枚カード問題**」の実験で実証した。4 枚カード問題とは，図 4・5 に示したように，カードの両面に情報が書かれており，今見えている面に書かれていた情報をもとに，「p ならば q である」という規則が成り立っているかを確かめるには，4 枚のカードのどれを確かめる必要があるかを問う問題である。今，「カードのアルファベットが母音ならば，そのカードの数字は偶数である」とするなら，図のカードでは，母音である「D」のカードの裏は確かめねばならない。子音ならばなんでもよいので「F」を確かめる必要はない。母音の裏は偶数であるが，子音の裏も偶数であることはあるので「3」の裏は確かめる必要がない。しかし，奇数の裏が母音であると困るので，「7」の裏が母音でないことを確かめねばならない。そこで，答えは「D」「7」である。

図4・5(a)のように抽象的である場合はこの正答率は非常に低い。しかし，図4・5(b)のようにルールを「お酒を飲むなら20歳以上でなければならない」のように変えると正答率はずっと高くなる。このように論理推論の正答率は，問題の性質によって大きく変わることはよく知られていて，人は純粋に抽象的な論理問題は苦手であるが，日常生活に結びついた状況設定の問題であればよく解けると解釈されてきた。しかし，コスミデスとトゥービーは，日常生活と結びついた問題の正答率が高いのではなく，「利益を得るにはコストを払わなければならないという規則になっている問題の正答率が高いのではないか」，それはヒトが互恵的利他行動における裏切り者の検知に特化した心的モジュールを持っているからだと考えた。結果は予想通りとなった。そこから人は論理を理解して合理的に回答しているのではなく，社会契約の文脈で適応的に反応しているとして社会契約論を唱えた。

この他にも動物モデルの存在しない，人に固有の心理メカニズムとして**自己意識**がある。ハンフリー(Humphrey, N.)は自分の心を理解し，それを他者に重ね合わせることは相手が考えていることを理解するのに役立ち，生存の最適化を促進し，自己意識(self-consciousness)は，適応的に生きるために，ヒトが進化の過程で獲得してきたと言っている(ハンフリー, 1993)。このように自己意識は，チンパンジーには萌芽的に存在するが，十分に発達しているのはヒトのみであり，自己意識があることによって，ヒトに固有の心理メカニズムが生じている。また，ヒトが言語を話し，言語で思考することも，ヒトの心理メカニズムに新しい次元を作りだしていると考えられる。その他にも，コミットメント感情があり，他者に対して，ある概念にコミットするということはコストがかかるこ

4-2 進化心理学：仮説や理論生成を目的とした探索型研究

とであり，それがなぜ進化したのかは詳細に考えねばならないといわれている（長谷川，2001）。例えば，恐怖の感情は生存を脅かすものの存在を知らせる警告として進化したと考えられるが，現代の人間には実際に多くの命を奪っている車や銃よりも，ヘビの方を恐れる傾向がある。これはこの感情が更新世に進化したためだと説明されている。このようなモジュールとしては他にも，捕食者検知モジュールや配偶者選択モジュールが考えられている。

脳は発達の初期段階で膨大な神経ネットワークを構築していくが，大人になるまでにこのネットワークは神経の自発的な発火と環境からの刺激に基づいて，使われないものは刈り込まれ（prune）ていく。したがって，出来上がった大人の脳は，機能的に特化したモジュール構造を見せているが，それには環境からの刺激が必要不可欠である。このように進化心理学は単純な生物決定論ではなく，人は社会の中で暮らしていて，人間にとってもっとも身近で重要な情報は文化的社会的な情報であり，それが生物としてのモジュールと両輪を成していると考えている。

機能的に特化した心的モジュールは，元々は，視覚や聴覚に関わる周辺系（peripheral systems）がモジュールで構成されていると考えられていた。しかし，モジュール説が進化心理学に導入される過程で，推論や判断を司る中央系（central system）まで含めた心の大部分が領域特異的なモジュールで構成されているとしてモジュール集合体仮説（Massive Modularity Hypothesis; MMH）が提案された。コスミダスとトビーは，このような MMH を支持する理由として，①認知科学的視点からは，汎用メカニズムでは逐一どの情報が適切か推論せねばならず，処理する情報量が増えれば推論に必要な過程は爆発的に増えていくという，**組み合わせ爆発**（combinatorial explosion)の問題と,②生物学的理由からは,他の形質とは機能的に独立したモジュールの方が進化可能性が高いと指摘している(中尾, 2009)。

これらの心理メカニズムは,また単一の遺伝子型から,環境条件に適応的に反応する複数の表現型を生み出す発生上の可塑性をもっている。他方,領域特異的なモジュールからの情報を統合することによって,人間はより広い範囲の問題を解決できるようになる。自然言語モジュールが中央系のモジュールの出力を統合し,意識的な信念形成を助け,情報の統合を行っていると考えられている。

進化心理学のアプローチはさまざまな心理学的仮説をもたらすものである。4枚カード問題のような仮説検証型の研究もあるが,現時点ではさまざまな仮説構築ツールの1つとして,探索型研究と位置づけるのがよいであろう。

(3) 進化的適応におけるパーソナリティと多様性

人間を特徴づける発達した大脳皮質が発揮する言語,論理,道具の使用,他者の行為の意味理解,模倣,協力などは誰にも共通し,何らかの意味で適応的である。これらの形質には遺伝的差異はないが,大脳皮質が生みだす所産である行動パターンには,多種多様な遺伝的バラエティ,すなわち,**遺伝子多型**がある。これがパーソナリティの起源の1つと考えられている。遺伝子多型が個人差をもたらしたとして,その表現型変化が持続し安定した個人差をもたらしたのは何故か。表現特性が個人全体として,しばしば共変するのは何故か。ネトル(Nettle, D., 2011)は,これに答える観点から,パーソナリティのビック5モデルを捉えている。すなわち性格を適応の文脈における戦略的なパッケージと位置づけて,例えば,外向性

図 4·6 進化心理学視点からのビッグ 5 の非公式な目録

次元	利得	コスト	構成要素
外向性	繁殖 地位 性的な伴侶 資源 アクセス	事故, 疾病, 社会葛藤の危険性	野心 競争力 自己主張の強さ 社交好き 探索的傾向 性的動機づけ
神経症傾向	驚異や危険性への警戒	ストレス関連の疾患 人間関係への影響	身体的脅威への用心 社会的脅威への用心 疾病に対する認知的脆さ 怒りによる敵意
誠実性	熟慮された課題の設計とケア	堅さ 状況変化への適応困難	勤勉 秩序
調和性	協同的な冒険的企てと調和的な協調	個人的利益を最大にする者に対する失敗者 ペテン師の犠牲者	協同 心的処理の理論 規範に従うこと
開放性	創造性	無秩序であるかまたは精神病的考え	知性 創造力

出典) Nettel(2011)

のあらゆる多様な側面は報酬と関係があって脳の報酬回路に依存する。神経症的傾向のあらゆる側面は罰の脅威を見つけるための神経系メカニズムの活動を反映する。このような観点から, 図 4·6 に示したように, ビッグ 5 の 5 次元について利点, コスト, 構成要素についてまとめ, 進化の観点を採用することにより, パーソナリティのビッグ 5 のより深い洞察に満ちた説明が可能になるとしている。何れにしても, 図に非公式な目録と在るように, 探索的な仮説の段階である。進化心理学の提案とパーソナリティ研究及び心理測定学

それに，発達心理学の連携によって，人間性の中核概念とパーソナリティの形成過程がより明らかになることを期待したい。

4-3 認知考古学，認知神経科学，そして脳イメージング法など

認知考古学(cognitive archaeology)とは，人の精神機能(価値観，世界観，意思決定，創造力など)に明確な注意を向けて，考古資料の分析と解釈を行う分野といわれている(松本，2013)。すなわち，認知心理学と進化心理学の影響を受けた考古学の新潮流を指し，進化心理学と重なるところが大きく，先鞭をつけたのはミズン(Mithen, S.)の「心の先史時代」(ミズン，1996)である。

現在，認知考古学という場合は，研究法の科学性・客観性を重視し，認知科学や進化的視点，脳科学などとの結びつきが強い研究を指す。最古の石器が登場するのは約260万年前で，直立二足歩行の開始から道具づくり，火の使用や言語の獲得に至る長い進化の歴史の道のりの中で，さまざまな種類のヒトが誕生し，絶滅していった。その過程で心はどのように進化していったのだろうか。

初期人類の認知能力やその特性を探る資料は，ほぼ石器に限られる。チンパンジーはアリ釣りをするときに，手頃な木の棒を嚙んで加工することが見られ，初期人類も木製の道具を使った可能性はある。しかし，残念ながら有機質の証拠は腐朽しやすく残存することが少ない。ドイツのシェーニンゲンで発見された投げ槍は，今のところ最古の木製人工物で狩猟具でもある。全部で8本見つかった槍は2mほどの長さで，トウヒの幹の堅い部分を選んで石器で丁寧に成形され，その形状は現代の競技用の投げ槍と共通し，高度な製

4-3 認知考古学，認知神経科学，そして脳イメージング法など

作技術の存在を示している。シェーニンゲンの槍は多数の馬の骨とともに埋没しており，槍で馬を狩猟したことは明らかである(松本，2013)。これは40万年前にこの槍を作ったホモ・ハイデルベルゲンシス(Homo heidelbergensis)がアクティブなハンターであったことを示している。

言語については明らかに生得的なモジュールが存在し，最小限の刺激があればほとんどの人が難なく言語をマスターできるのに対して，石器づくりに必要な手続き的知識やスキルを獲得するには繰り返し根気よく練習することが欠かせない。近年の**認知神経科学**の発展により，言語の理解や発話に関わるとされる脳内の部位である下前頭回が，道具の製作や使用に必要な手を使った物体の操作にも関わっていることがわかりだした。これは道具の製作・使用と言語の発達が進化の過程で密接に結び付いていた可能性を示している。

ネアンデルタール人(Neanderthal)は，40万年ほど前に現生人類と共通の祖先から分枝し，約3万年に絶滅した。ネアンデルタール人の脳容量は現代人より大きく，骨に含まれる窒素や炭素の同位体の比率から，その生物がどのようなものを食べていたか推定することができる。その結果はネアンデルタール人が肉食動物と同じくらい肉に依存していた食生活であったことを示している。氷河期のヨーロッパでたくましく生きていたネアンデルタール人だが，その認知や行動は現生人類とはかなり違っていて，最も顕著なのは宗教的信念を示す象徴的人工物がないことと文化的イノベーションの欠如だと言われている(松本，2013)。ネアンデルタール人は，図4・7に示すように，考古学者がルヴァロワ技法と呼ぶ石器を研磨する作業は，明確な目的意識と計画性，微妙な力加減や打撃の角度の調節，そして柔軟性を必要とする難しい作業であるが，このルヴァロワ剥

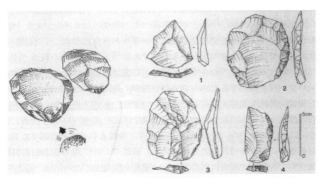

図 4・7 ルヴァロワ技法による剥離技術模式図とネアンデルタール人が使用した石器

左図はルヴァロワ技法による剥離技法の模式図，1と3はルヴァロワ技法で剥がした剥片。2と4は剥片の側面に細かい剥離を加えて刃をつけたもの
出典）松本(2013)

離技法を利用した尖頭器(せんとうき)がネアンデルタール人の主たる狩猟具であった。

ネアンデルタール人はなぜ絶滅したのか。まだ議論中ではあるが，ネアンデルタール人の心は領域固有の認知システムの独立性が高く，自然史的知能と技術的知能等の領域を超えた情報のやりとりがうまくできなかったのではないかと言われている。先に，ネアンデルタール人には宗教的信念の存在を示す遺物がないと書いたが，神や精霊といった超自然的な存在のイメージを示す考古学的証拠は，さまざまな領域にまたがって始めて形成されるものだからである。ヒトや他の動物の姿を写実的に，あるいはデフォルメして絵画や浮き彫り，小像に表現するということも，社会的知能や自然史的知能と技術的知能がうまく連携しなければ不可能であろう。ヨーロッパ南西部に進出したホモ・サピエンスがラスコーやアルタミラの

ような素晴らしい洞窟壁画を多数残したのに対して,確実にネアンデルタール人が描いたと見られる壁画は一つも見つかっていない。

さまざまな要因によってヒトの進化が促されたとして,ミズンは石器製作に関わる技術的知能(道具の製作),社会的コミュニケーションに関わる社会的知能(集団の維持),自然環境を理解し,食糧を獲得することに関わる博物的ないし自然史的知能(食物獲得の知能)の3つの領域を仮定した。それらの領域はかつて別々の機能であったが,ヒトにおいて融合し,技術的知能と博物的知能から人工物に多様化が起こり,技術的知能と社会的知能から装身具などが発達し,社会的知能と博物的知能からトーテミズムと自然宗教が起こった。さらに,これら3つの統合が芸術,宗教,科学の成立をもたらしたと考えている。このような考え(理論)を化石や考古物を用いてヒトの心の進化を解明しようとするのが認知考古学である。

脳イメージング(functional brain mapping)**法**または**脳機能マッピング**(brain mapping)法とは,ある課題遂行中に,脳の活動をリアルタイムで調べ,脳の活動を3次元のイメージで捉え表示しようとする手法で,脳の機能局在を前提として,主に大脳皮質を対象に脳の各部位ごとの機能を明らかにすることを目的とする。非侵襲的な高次脳機能描画は,機能的磁気共鳴描画(functional magnetic resonance imaging; fMRI),脳磁気図(magneto-encephalography; MEG),近赤外光トポグラフィ(near infrared spectroscopic optical topography; NIRS-OT)が用いられ,脳の活動を引き起こす活動ないし課題としての入力は,「感覚」「認知」「思考」「意思」「決定」「計画」の順に処理され,最後に「行動」として出力される。この一連の過程に「情動」「言語」が深く関わり,さらに「自己(意識)」が全体を監視・統合している(小泉,2004)。

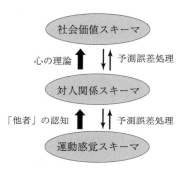

図 4・8　3 つのスキーマの階層的構造と層間ダイナミクス
出典）杉浦（2014）

　一例として**自己**を取り上げると，動物から幼児を対象とした**鏡像自己認知**の「ルージュテスト」から，統合失調症の「させられ体験」まである（杉浦, 2014）。測定や解析に伴う認知課題や実験デザインを修得する必要がある（苧坂・矢追, 2015）。杉浦（2014）は①させられ体験への興味を背景に自己身体の運動とそれに伴う感覚を扱った研究，②出来事や知識の自己関連性を扱った研究，③自発的な思考に関する研究等から，脳機能マッピング研究で報告された「自己」領域特異的活動を，図 4・8 に示すように，大きく 3 つに分類するのが合理的だと提案している。3 つとは，身体的存在としての自己とそれ以外の外界とを区別する「身体的自己」，他者の目に映る自己や自己から他者への関わり方，より一般的には自己と他者との関係性に関わる「対人関係自己」，自己の社会的価値や役割に関わる「社会価値的自己」である。これらの自己は情報処理機構を共有するだけでなく，脳部位では下から運動感覚，対人関係，社会的価値の順で階層構造を形成している。その層間でのダイナミクスが 3 つ脳機能

局在を前提として自己間の関係性を作り，下位のスキーマの成熟が上位のスキーマの発達の前提となって各層で生じた予測誤差が上下に隣接する階層で処理され修正されるとの仮説を立てている。この予測誤差による違和感が他者に帰属されることで，させられ体験を始めとしたさまざまな統合失調症の病的体験が説明できると考えている。

◀まとめ▶
☐ 他領域および，隣接科学からのパーソナリティ心理学への影響をみてみると，人間行動遺伝学は双生児法と多変量統計解析により，パーソナリティと能力の形成や発達における，遺伝要因と環境要因の分離に成果を上げている。非共有環境と共有環境の成果を考えると，人間行動遺伝学というより，人間行動要因分析学といえよう。
☐ 進化心理学は，人間性の起源と人間性の中核概念ないし中心的な特徴について明らかにしつつある。仮説検証研究が多い中で，仮説や理論生成を目的とした探索型研究が中心であり，パーソナリティとは何か，何を研究すべきかについて多くの示唆を得ている。
☐ 認知考古学は，石器製作技術の再現や発掘遺跡からの出土品などから，何十万年という進化のタイムスパンで，ヒトの認知や心がどのように形成され，なぜ絶滅していったかについての仮説を提出している。
☐ 脳イメージングや認知神経科学を含めて，新しい視点から人間性とは何か，種に共通な適応を強調してきた進化心理学が，ここに来てパーソナリティなどの多様性や個人差をどう説明しようとしているか，性格研究にとって学ぶ点は多い。

◀より進んだ学習のための読書案内▶
安藤寿康(2014).『遺伝と環境の心理学─人間行動遺伝学入門』 培風館
　　☞人間行動遺伝学の第一人者が書いた概説書。行動遺伝学の基礎的な説明に加えて，パーソナリティや不適応と社会行動の章がある。

五百部裕・小田　亮（編著）(2013)．『心と行動の進化を探る―人間行動進化学入門』　朝倉書店
　　☞進化心理学の視点から「人はなぜ違うのか」や，「考古学で探る心の進化」，人間行動の観察法等で構成されている。

スティーヴン・ミズン／松浦俊輔・牧野美佐緒(訳)(1998)．『心の先史時代』　青土社
　　☞豊富な発掘調査を認知考古学に高めた研究者の一人。現代人類の心の基本構造，最初の石器を作った人間の心他の章がある。

5章

パーソナリティ検査

テストの標準化，検査者の責任と倫理，検査の課題

◀キーワード▶

構成概念，標準化，尺度構成，正規分布，ウェクスラー知能検査，ビッグ5パーソナリティ検査，投映法，適性検査

5-1
心理検査の標準化と尺度構成

　知能検査，性格検査，適性検査等からなる心理テストは，心理学の研究成果の中でも教育と臨床や産業での役割が社会から認められ，テスト専門の会社が存在するなど，心理学の最も成功した研究分野の1つである。その背景には記述統計学と推測統計学があり，統計データの信憑性や未来予測など，統計知識は現代生活と切り離せない。また，心理テストはものさし作りであるが，原点0（ゼロ）と基準単位を持つ長さ・重さ・時間等の物理的なCGS単位と違い，心理テストが扱う知能や性格は**構成概念**であり，直接観察できない現象を記述し，説明するために仮説的に構成された概念である（石

井, 2014)。したがって，ものさしに不可欠な原点と単位を工夫して作る必要がある。

知能が1つの数値で要約できるか否かでg(一般)因子説や多重知能説が生まれ，確証的因子分析などによって構成概念の妥当性が検証されてきた。ただし，心理的概念でも，「学士力」や「社会人基礎力」のように先験的・理念的枠組みに止まる概念もあり，この場合の概念はデータによる検証がなされていない。

構成概念であれ理念的概念であれ，データを取り集計するには数値が使われるが，数値には**尺度水準**といわれるレベルがあり，正答数や評価値などは尺度水準によって使える演算に制約がある。**表5・1**は4尺度水準を示している。心理学で扱う能力や性格の値は厳

表 5・1 尺度の種類と水準

尺度の水準	目的	特徴	許される変換	意味のある比較	例
名義尺度	区分・分類	$A=B$ または $A \neq B$ の決定	1対1変換	数値が同じかどうかだけが意味をもつ	学生証番号，電話番号，背番号(男=0，女=1)
順序尺度	順序づけ	$A>B$, $A=B$, $A<B$ の決定	単調変換 $y=f(x)$	数値が同じかどうか，数値の大小が意味をもつ	100m徒競走の順序，(好き=3，どちらでもない=2，嫌い=1 など)
間隔尺度	原点・単位は任意のもとでの等間隔の目盛づけ	$(A-B)+(B-C)=(A-C)$ の成立	線型変換* $y=a+bx$	数値が同じかどうか，数値の大小，および数値間の差や和が意味をもつ	年号，温度(°C, °F) ($°F=\frac{9}{5}(°C)+32$)
比尺度	絶対原点からの等間隔の目盛づけ	$A=kB$, $B=lC$, ならば $A=klC$ ($k \neq 0$, $l \neq 0$) の成立	$y=bx$ ($b>0$)	上記すべてが意味をもつのに加えて2つの数値間の比が意味をもつ	身長，体重などの物理量，絶対温度(°K)

＊ 「アフィン変換」ともいう。
出典) 渡部 (1996)

5-1 心理検査の標準化と尺度構成

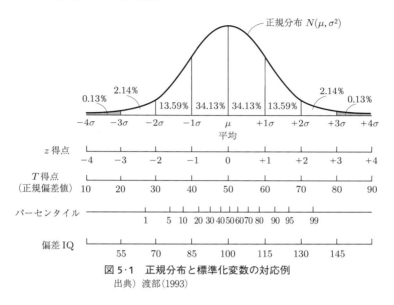

図 5・1 正規分布と標準化変数の対応例
出典）渡部（1993）

密には名義尺度や順序尺度が多いが，測定値が正規分布する前提で間隔尺度として扱っている場合が多い。**正規分布**（normal distribution またはガウス Gaussian 分布）とは，身長や知的能力など自然界の現象は平均値付近に集まり，＋方向であれ－方向であれ平均値から離れるほど該当者は減少するベル型の確率分布を示す。この分布特性（中心極限定理）を利用して代表値（平均値）と散布度（標準偏差値）を基準として尺度構成し，ものさしとしている（渡部，1993）。図 5・1 は正規分布と標準化変数の対応例である。例えばIQ は 100 を基準として高・低を直接比較できるが，教師作成テストでは毎回平均値を計算し，80 点と 85 点は誤差なのか意味のある差なのかは標準偏差（分散）を計算してからでないと決まらない。このような尺度特性を確認する作業を**テストの標準化**といい，尺度特性

を明示した心理テストは以下に述べるように,①信頼性が高い,②妥当性が十分ある,③検査の実施と判定に客観性がある,④基準尺度が構成されているという特徴がある。

(1) 信 頼 性

テストの安定性のこと。検査(尺度)ないし,ものさしは,まず信頼性が高い必要があり,信頼性が低ければ次の妥当性は成立しない。信頼性は検査結果に一貫性や再現性があることで,信頼できるテストの得点はある誤差の範囲内で再現される。信頼性を求める方法には再検査法,代替検査法,内的整合性等がある。再検査法は同一検査を一定期間おいて,同一対象者に2度実施し,両得点の相関係数で求める。テスト間の間隔を長くすると人の特性自体が変化する可能性も考えられる。代替検査法による信頼性は代替え可能な検査があることが前提である(折半法は奇数―偶数信頼性を求める)。内的整合性は信頼性を表すのに最もよく使われる方法であるが,内的整合性には理論的根拠が必要で,同一次元内の項目が同じ特性や要素を測っているかどうかの程度を示し,α(アルファ)係数(Cronbachのα)が使われる(ホーガン, 2010;村上, 2006;渡部, 1993)。

(2) 妥 当 性

妥当性は,その検査が測定しようとしている概念を測定しているかの指標である。テストはその検査から導かれた結果や推論が適切で有意味ならば妥当性が高いといえる。これには内容妥当性(content validity),基準関連妥当性(criteria-related validity),構成概念妥当性(construct validity)等がある。内容妥当性は,その領域の専門家の経験に基づいた個人的判断による評価で,例えば,検査

5-1 心理検査の標準化と尺度構成

の項目や問題がその領域を代表している程度を示す標本妥当性（sampling validity）は学力検査などで重視される。基準関連妥当性には併存的妥当性と予測的妥当性があり，前者は当該のテストと平行して基準変数と考えられるもう一つの検査ないし評価値を入手して，両変数の相関係数から妥当性を確認する。後者は当該テスト実施後，数ヵ月ないし数年後に基準値が得られる場合で，例えば看護学校入学時に看護師適性検査を実施しておいて，学生時の成績や卒業後の病院実習の成績，あるいはその職域で指導的立場にある病棟婦長の評価等との相関係数で判断する。構成概念妥当性は当該の検査が心理学的な構成概念や性格特性をどれだけ的確に測定しているかを示し，多くの質問項目からなるテストがどのような要素から作られているかについて因子分析によって因子数（要因数，下位尺度に相当する）を確認し，各因子に属する項目数，複数の因子にかかわる項目はないか等が検討される（尾崎・荘島, 2014；ホーガン, 2010；渡部, 1993）。

妥当性を確かめ，新たな尺度を作成する際に必要な構造方程式モデリングなどの多変量解析を担う統計パッケージ・プログラムも多種提供されていて，学生が試験的に試みることが可能となっている（尾崎・荘島, 2014）。しかし，そのような試みに先立って，①学術論文などに掲載されている図や表が読める（文章による説明は図や表を読み取って説明している）。②論文の結論は**統計的仮説検定**の結果が確率で表現される。「5％の危険率（＊（アスタリスク）記号1つで表示される）で有意である」とは，その結論が95％の確からしさを持ち，5％のエラーが含まれることを示している。

以上は，正規分布を前提とした古典的テスト理論に基づいているが，これは多項目のテスト全体を総合して判断している。それに対

して，多くの問題プールを持ち，各人の先行問題への回答の正否によってその後の問題を選択していく**コンピュータ利用テスト**(Computer Based Test; CBT)も開発されていて，これは項目反応理論(Item Response Theory)に基づくテストで，漢検や情報検定等での利用が進みつつある(渡部, 1993)。

(3) 客観性と基準尺度

心理テストの利用と作成において次に重要なのは，① 検査方法や集計評価法の客観性で，専門知識を持ち実施スキルの研修を経た者であれば，誰が検査しても同じ結果が得られる。② **基準尺度**が構成されているとは，測定結果が基準値との比較で示され，かつ，誤差範囲と偏差値やパーセンタイル等への変数の変換が準備できている等，尺度特性が明示されていることである。

次に，テストの作成ステップを簡単に記すと，① テストの目的を明確にする。② 予備的な作成計画やデザインについて検討する。③ テスト項目を用意する。④ 予備調査を実施する。⑤ 標準化に必要な資料収集と分析を行う。⑥ 検査手引きを含むテスト資料を用意する等である(ホーガン, 2010；村上, 2006；杉山・堀毛, 1999)。テスト作成に当たって重要なことは，① テスト開発のコンセプトを明確にする，② 尺度特性を明らかにする外部基準として，同種の構成概念を測定する自己評定テストや仲間・教師・上司による評定，営業成績・罹患率・欠勤日数などの客観的な行動指標等を利用する。③ すべての受検者が正直に回答するわけではないので，逆転項目を利用し，虚偽尺度や社会的好ましさ尺度を加えて回答の歪みを排除する必要があること等である。

5-2
知能検査と性格検査等の紹介と特徴

(1) 代表的な知能検査

a. ビネー式知能検査

現在市販されている検査は「田中ビネー知能検査Ⅴ」「改訂版鈴木ビネー知能検査」であるが,一般向けには販売していない(以下の検査も同様である)。フランスのビネー(Binet, A.)がシモン(Simon, Th.)と協力して1905年に作成した世界初の知能検査をもとにしている。2歳〜成人を対象として,問題が年齢に応じて配列された「年齢尺度」を採用し,**精神年齢**(mental age; MA)で表示される。加えて,ターマン(Terman, L.M.)による改定を経て,精神年齢を**暦年齢**(chronological age; CA)で割った**知能指数**(Intelligence Quotient; IQ)でも表示される。

b. ウェクスラー知能検査

「WPPSI(ウィプシ)知能診断検査」「WISC-Ⅳ(ウィスク・フォー)知能検査」「WAIS-Ⅲ(ウエイス・スリー)成人知能検査」は,ウェクスラー(Wechsler, D.)が開発した知能検査で,同一年齢集団の中での相対的位置で示す知能偏差値(Intelligence Standard Score; ISS)で表示される。WPPSI知能診断検査(Wechsler Preschool and Primary Scale of Intelligence)は幼児向けで,言語性と動作性の下位検査のプロフィールから発達を捉える。WISC(Wechsler Intelligence Scale for Children)は5歳〜17歳未満を対象とした児童用知能検査で15の下位検査で構成されている。全検査IQと言語理解・知覚推論・ワーキングメモリー・処理速度の4つの指標で多面的に知能を把握する。WAIS(Wechsler Adult Intelligence Scale)は17歳以上の成人

を対象として，WISCと同様な指標で知能を把握する(渡部, 1993)。以上は個別式知能検査であるが，集団式知能検査や幼児の社会性や言語発達を検査する発達検査もある。

(2) 代表的な性格検査—質問紙法と投映法

a. ビッグ5パーソナリティ検査

「NEO PI-R人格検査」「NEO FFI人格検査」は，コスタ(Costa, P. T.)とマックレー(McCrae, R.R.)が開発した5因子性格検査の日本語版である。NEO PI-Rは240項目からなり，「神経症傾向」「外向性」「開放性」「調和性」「誠実性」の5次元から性格を診断するだけでなく，各次元に6つの下位次元が構成され詳細な診断ができる。NEO FFIは60項目の短縮版で5次元のみの診断である。これ以外に「主要5因子性格検査」等，複数のビッグ5パーソナリティ検査が標準化がなされている(柏木, 1997；辻, 1998；村上・村上, 1999)。

b. ミネソタ多面人格目録，その他

「ミネソタ多面人格目録」「MMPI新日本版」は，ミネソタ大学の心理学者ハサウェイ(Hathaway, S.R.)と精神科医マッキンリー(Mckinley, J.C.)らが共同で開発した臨床用の包括的自己記入式の性格検査で略称MMPI (Minnesota Multiphasic Personality Inventory) (MMPI新日本版研究会, 1993)。適用年齢15歳〜成人で，項目構成は精神医学・神経学等の問診用カルテから収集された項目から正常群と臨床群に有意差があった550項目で構成された。回答は「はい／いいえ」の二値法である。その結果，臨床尺度は「心気症尺度」「抑うつ尺度」「ヒステリー尺度」等合計10尺度と「不安」「抑圧」「顕在性不安」「自我強度」などの追加尺度で構成されている。MMPIは受検者の意図的回答から生じる歪を検出する4種類の妥当

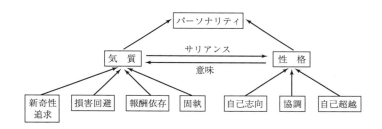

図5・2 クロニンジャーの気質4性格3の7次元モデル
出典）木島（2000）

性尺度が用意されている。

その他には，**エゴグラム性格検査**「新版 TEG」はバーン（Berne, E.）とデュセイ（Dusay, J.M.）の交流分析理論をもとに5つの自我状態（批判的な親（CP），養育的な親（NP），おとな（A），自由な子ども（FC），順応した子ども（AC））を測定し，臨床場面や自己への気づきの道具として使用されている（東京大学医学部心療内科，2002）。**TCI**（Temperament and Character Inventory）は，クロニンジャー（Cloninger, C.R.）の気質（temperament）と性格（character）の7次元モデルに基づいて構成され，内容は図5・2に示した。気質は相対的に先天的要因が強く神経伝達物質の代謝に規定され，性格は相対的に後天的要因が強く発達・変容するとの考えで測定尺度が開発された。特に自己志向性や協調性と人格障害との関連性が追求されている（木島，2014）。**モーズレイ性格検査**（略称 MPI）は外向性・神経症傾向と嘘尺度で構成されている等，多くの質問紙性格検査がある。

c. 投映法性格検査

「ロールシャッハ・テスト」「絵画統覚検査（TAT マレー版）」等は

多義的な意味を持つ図形を呈示し,イメージをことばにすることで,そのことばから個人の欲求やパーソナリティを把握しようと試みることから投映法(projective technique)といわれる。投映法の利点は測定の意図が受検者に知られにくいこと,欠点は検査の実施・解釈に熟練を要し,解釈法が複数存在することである(渡部, 1993)。

ロールシャッハ・テストはスイスの精神科医ロールシャッハ(Rorschach, H.)が1921年に考案した(ロールシャッハ, 1998)。インクのしみでできた漠然とした図形を刺激として,その知覚と判断の過程を分析する。回答を判定するスコアリングは片口法に基づくが,形態水準評価を4段階に修正したクロッパー法を使用することも多い。

TAT(Thematic Apperception Test)は,マレー(Murray, H.A.)を中心とするハーバード大学の心理学クリニックのスタッフが1943年に完成させた性格検査法である。基本的考え方は,物語は"生き方"のミニチュアであり,提示された絵を見て物語を作ることは「その人の"生き方"がそこに示され,その人自身の世界」が描き出される。人間の生き方はある現実条件に即してこそはじめて具体的に示され

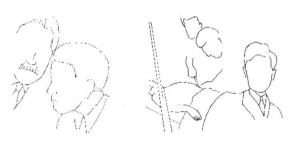

図5・3 TAT図版(マレー版の略画)の例
出典)安香・藤田(1977)

る。図 5・3 に示した絵(図版刺激)は一例である(安香・藤田, 1997)。標準的な反応からのズレにその人らしさが現れ、過去・現在・未来という継起のバランスに着目して分析する。マレーの欲求・圧力体系、対人関係を中心とした分析や、認知・思考面の特質、象徴的意味を重視する精神分析学的推論、折衷的立場がある(安香・藤田, 1997；山本, 1992)。投映法にはこの他に、20答法(twenty statement test:TST)、Who am I?テスト、文章完成法(sentence completment test: SCT)、バウムテスト等がある。

(3) 適性検査その他の心理検査

「**VPI 職業興味検査(第 3 版)**」、「**GATB 厚生労働省編一般職業適性検査**」等は、前者はホーランド(Holland, J.L.)が開発した職業興味検査(Vocational Preference Inventory; VPI)を基に 160 の具体的な職業に対する興味・関心の有無を回答することによって 6 種の職業興味領域(現実的・研究的・芸術的・社会的・企業的・慣習的の RIASEC コード)に対する興味・関心の強さを測定し、個人の心理的傾向として自己統制傾向や地位志向傾向などの 5 領域で把握する。基本的考え方は特定の職業環境にいる人には類似したパーソナリティ特性や形成史を示す者が多く、人間は自己と自己をとりまく環境との交互作用を通して、対人関係上の問題や環境的問題に対するその人なりの対処法を身につけていくとの考え方に基づく。したがって、環境に対する適切な適応のしかたを発達させるためには、自分が将来入っていくと考えられる労働環境の特徴を知ることが重要である。後者は進路・職業指導用として、独立行政法人労働政策研究・研修機構が開発し管理している。

その他の特殊領域テストには、「**絵画欲求不満テスト(略称 PF ス**

タディ）」がある。これはローゼンツバイク（Rosenzweig, S.）が欲求不満状況に対する反応を攻撃の型（傷害優位・自己防御・要求固執）と方向（外罰的・内罰的・無罰）から9タイプに分ける。ほかにも世界保健機関が開発した**クオリティ・オブ・ライフ検査**（WHO QOL26）等多数ある。さらに、研究用として開発され標準化に至っていない膨大な尺度があり、例えば、『心理測定尺度集Ⅰ～Ⅵ』（サイエンス社版などの書籍）や日本パーソナリティ心理学会の「心理尺度の広場」、三重大学教育学部 教育心理学教室の「心理尺度データベース」等のデータベースで検索できる。

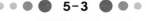

5-3 検査者の倫理

日本心理学会（2009）は研究と発表の際の社会における職務上の倫理について『倫理規程』を制定し、日本パーソナリティ心理学会は『事例に学ぶ心理学者のための研究倫理（第2版）』（安藤・安藤編, 2011）を、日本テスト学会は『テスト・スタンダード―日本のテストの将来に向けて』（2007）を刊行している。ここでは、心理検査の検査者としての倫理に限って述べると、テストの実施と採点に関連して、① 使用目的にそった適切なテストを選択する。② 質問冊子などのテスト用具は厳重に管理する。③ 実施に先立って受検者に実施目的, 回答方法, 結果の利用法をわかりやすく説明する。④ 定められた手順通りに実施し, 不正や妨害などの不測の事態に際しては, 責任者に速やかに報告し対処する。⑤ あらかじめ定められた方法で障害者などへの配慮をする, 等が求められている。これに加えて, 不利な扱いが予想されるマイノリティへの配慮, 採点方法の変更が

必要な場合の明示などが必要であろう。特に，心理検査の利用に当たっては，たとえ卒論のための検査利用であっても，受検者にとっては同じ緊張場面に置かれることを忘れてはならない。

5-4 どんな検査が必要とされているか：課題と論点

性格検査については，以下の課題がある。① 検査やアセスメントの目的に合った適切な性格検査を選択し，テスト法以外の面接などの他のアセスメント法と組み合わせて利用する。② 時系列的な継続研究を考えた場合には，乳幼児期・学齢前期・学齢期をカバーした性格検査が必要である。③ 包括検査から始まり，特殊療育検査へと的を絞る場合には，スクリーニング検査やテスト・バッテリーの組み方を工夫する。④ 性格の国際比較ないし文化比較が可能な標準的な性格検査を開発する必要性がある。その意味では，⑤ 性格検査については現在，ビッグ5パーソナリティ検査がある（他方，人と状況要因を考えると，人に対して状況や文脈を捉える検査は未確立である）。⑥ 類似検査の林立という問題もある。試みに，背景理論の異なる検査の統合的理解を目的として，ビッグ5（NEO FFIの5次元），新版TEGの5つの自我状態，クロニンジャーの気質と性格の7次元の17下位次元を因子分析した。その結果は**表5-2**に示したように，ビッグ5の5次元が再現された（小山・杉山，2006）。⑦ スクーリング検査や他の研究目的に際して，性格も一応測定しておきたい場合には，項目数の少ない検査が求められる（小塩・阿部・カトローニ，2012）。

知能検査については，伝統的な知能検査は必ずしも知能の明確な

表 5・2 背景理論の異なる検査の統合的理解

性格検査下位尺度	因子 1	因子 2	因子 3	因子 4	因子 5
BigFiv 調和性(A)	.812	.041	-.158	-.043	.013
性格・協調性	.811	.259	.073	.002	.280
気質・報酬依存	.704	-.185	-.117	.364	.075
エゴグラム養育的な親	.686	.104	.194	.182	.134
BigFive 神経症傾向(N)	-.148	-.842	-.209	-.020	.110
気質・損害回避	.038	-.822	-.092	-.276	-.144
性格・自己志向	.205	.682	.326	-.006	.179
エゴグラム順応的な子ども	.156	-.528	-.349	-.238	-.279
BigFive 誠実性(C)	.293	.322	.775	-.076	-.075
気質・固執	.139	.170	.756	.072	.120
エゴグラム批判的な親	-.185	.142	.695	.196	.251
エゴグラム大人	-.271	.161	.563	-.106	.110
BigFive 外向性(E)	.383	.192	.136	.787	.143
エゴグラム自由な子ども	.272	.292	.163	.664	.189
気質・新奇性追求	-.252	-.011	-.331	.579	.297
BigFive 開放性(O)	.119	.048	.158	.177	.692
性格・自己超越性	.306	.154	.126	.178	.649

因子抽出法:主因子法 回転法:Kaiser の正規化を伴うバリマックス法
出典)小山・杉山(2006)

理論に基づいて開発されてこなかった。ビネーの年齢尺度は3歳にはできなくて,4歳になるとできる問題群から構成されていて,問題内容は年齢で大きく異なる。このような過程で,知能のg因子と多因子説が唱えられている。しかし,ガードナー(Gardner, H.)が唱える**多重知能理論**(Multiple Intelligence theory; MI)は7ないし8つの質的に異なる能力を仮定していて,大きくまとめても「学校知能」「社会的知能」「芸術的(身体運動を含む)知能」の3領域に分かれるという(子安,2001)。現在,多重知能理論に基づく知能測定法は開発されていないが,開発されれば能力観の様相を一変する可能性も考えられる。

◀まとめ▶

- 知能や性格は心理的構成概念である。
- 心理尺度は代表値(平均値)と散布度(標準偏差)に基づいて作られたものさしである
- テストの標準化には信頼性・妥当性・客観性があり,基準尺度が作成されている(教師作成テストとの違い)。
- 知能検査には,ビネー式知能検査,ウェクスラー知能検査,集団式知能検査や乳幼児用の発達検査がある。
- 性格検査にはビッグ5性格検査,ミネソタ多面人格目録等の質問紙性格検査とロールシャッハ・テストやTAT等の投映法性格検査等がある。
- その他の心理検査として,適性検査,特殊領域検査があり,目的によって検査法を選択し,テスト・バッテリーを組み,面接などの他のアセスメントと組み合わせる必要がある。

◀より進んだ学習のための読書案内▶

杉山憲司・堀毛一也(編著)(1999).『性格研究の技法』 福村出版
　☞心理学の技法(全6巻)の1冊で,性格研究の理論と技法,応用領域など広く扱っている。3章「心理検査で性格を測る」がある。

渡部　洋(編著)(1993).『心理検査法入門—正確な診断と評価のために』 福村出版
　☞心理検査の理論として,データの要約規準に基づく解釈,信頼性,妥当性,因子分析,項目反応理論がある。各種心理検査から,ウエクスラー知能検査,テイラー不安検査,VPI職業興味検査,ロールシャッハテストその他の投映法検査等を紹介している。

T.P.ホーガン／繁桝算男・椎名久美子・石垣琢麿(共訳).(2010).『心理テスト—理論と実践の架け橋　培風館
　☞テストに関する最近の理論を紹介し,実際にテストを使えることを目指した大部の入門書。代表的な心理テストが概説されている。

村上宣寛(2006).『心理尺度のつくり方』 北大路書房
　☞性格検査などの心理尺度の作り方について書かれている。統計的基礎から始まり,尺度開発の実際について書かれている。

6章

パーソナリティ心理学と隣接領域

パーソナリティ心理学とその他の心理学のクロスワード

◀キーワード▶
人格の解離, コンプレックス, 精神分析療法, 来談者中心療法, 自己実現, 実存分析, ゲシュタルト療法, 行動療法, 認知行動療法, 犯罪者プロファイリング, 対人認知, 対人魅力, 愛着, アロマザリング, 気質

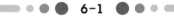

6-1 パーソナリティ心理学と臨床心理学

(1) 人格の解離

　心理的苦悩を抱える個人を支援する臨床心理学では, パーソナリティの自己理解の深化や, パーソナリティの適応的変容を促すことに努めている。ここでは, 支援の対象の1つとなる「人格の解離」を取り上げる。これはDSM-5(American Psychiatric Association, 2013)では解離性障害群と呼ばれる疾患カテゴリーであり, 意識, 記憶, 同一性, 情動, 知覚, 身体感覚などの混乱が起こるため, まさにパーソナリティの病理の1つである。解離性障害群には, 重度

のものから，解離性同一症，解離性健忘，離人感・現実感消失症と3つの下位カテゴリーに分類される。解離性同一症とは，いつものその人の示すパーソナリティとは明確に区別される2つ以上の人格状態をもち，一時点においてそのうちの1つのみ存在することをいう。つまり，人格状態が変容すると自己感覚，意識作用，知覚，認知または感覚機能が連続していないように見え，通常の物忘れのレベルではなく，何年にもわたる自己に関する記憶が欠如して想起が困難という状況になる。解離性健忘とは，個人の同一性を示す重要な自伝的記憶を想起できないが，適切に行動する能力は保持したまま，本来の自分ではない人格状態で活動する。すなわち自分の氏名や来歴さえも思い出せずに，別人として本来の生活圏以外でさまよう，いわゆる解離性遁走のことである。離人感・現実感消失症とは，急性のストレスに関し，一過性の解離症状という形の反応を示すことである。自分であることは認識しているが，自分ではないという感覚があり，世界と自己の間に透明な壁があるかのように知覚する状態である。

　これら解離症状を心理治療するときには，そのように人格が解離をした原因を探り対処する，自己理解を促す，症状の軽減を図るために記憶を統合するなどが必要になってくる。次に，臨床心理学による人格変容の三大アプローチについて記述する。

(2) 精神分析的アプローチ

　精神分析的アプローチの特徴には，人格の無意識の側面，「なぜこんなことをしたのか」といった本人も意識していないレベルの行動の重視がある。本人も意識していない記憶が，奇怪な夢や言い誤り，書き誤りとなって表れるため，それらの現象が起こった原因を分析

することで人格を理解しようとする。代表的な研究者としてフロイトとユングを紹介する。

a. フロイト(Freud, S., 1856-1939)

フロイトは精神分析療法の創始者である。フロイトは,フランスのサンペトリエール病院でジャネ(Janet, P.)が研究していたヒステリーの症状に注目した。ヒステリーとは,現実に直面している問題に対処不能なときに,その問題解決を避けるために意識消失や幻覚などの精神機能の変容がみられる解離性ヒステリーや,痙攣発作や運動麻痺などの運動・感覚機能の変容がみられる転換性ヒステリーの症状が起こる疾患である。器質的障害ではなく心理的障害であるため,状況が改善すれば症状は回復する。フロイトはこのヒステリー治療においては,普段の生活の中では思い出さない個人的無意識の存在を仮定し焦点をあて,パーソナリティの構造論や防衛機能と結びつけることを重要視した。意識の世界だけでは理解できない症状は,無意識の心の働きを自由連想法や夢の分析を用いて調べて自己理解することで消失につながるという治療モデルを考えた。

b. ユング(Jung, C.G., 1875-1961)

ユングは個人的無意識のみならず,個人の経験を越えた遺伝的な記憶が貯蔵された領域を普遍的無意識として仮定した。普遍的無意識とは人間の原始的な心であり,元型と呼称する概念が夢や妄想にイメージとして現れたときに意識できると考えた。ユングは,個人が無意識の世界を受け入れ,意識と無意識を統合し,より個人の「全体性」を高めることが自己実現をもたらすという治療モデルを考えた。ここでの自己実現は自動的に起こるのではなく自覚的な努力を要する。また,ユングは無意識の領域に存在する,幼少期より現在に至るまでに形成されたネガティブな感情複合体のことをコンプレ

ックスと名づけた。コンプレックスは，意識したくない幼児期からの成長過程で受けたネガティブな感情体験の集合体を指す。普段は個人的無意識にあるが，時折その感受を刺激される事態になると浮かび上がると考え，コンプレックスを調べる方法として言語連想検査や夢の分析を用いた。フロイトがヒステリーを含む神経症レベルの疾患に関心を持った一方で，ユングは統合失調症など精神病レベルの疾患に関心を持った。これにはユングがスイスの宗教的で教養ある家庭に生まれ，多くのヨーロッパ言語や古代言語を習得していたことや，祖父を尊敬し，父親とは距離をとり，精神病に苦しんでいた母親とは親密であった，といった家族関係とも関連していると考えられる。

c. 精神分析療法と人格理論

精神分析では，先述のように構造論で人格を捉え，神経症の症状と密接な関係にあると考えた。神経症の症状はフロイトが仮定した心的機能である自我とエスの葛藤が抑圧される過程で生じ，葛藤の代理として意識に再び現れようとする。精神分析療法の目標は，無意識の動きの意識化であり，かつてエスであったところを自我にするような自我機能の強化を図ることにより，症状を取り去り，人格の構造的変化を生じさせることを治療目標とする。

精神分析のプロセスの中では，抵抗と転移という現象に注目する。抵抗とは，自由連想の中で連想がとぎれて患者が沈黙する，話している途中で言いよどむ，突然知的な話をする，面接に遅刻する，面接の予約をキャンセルするなどの現象を指す。これはエスが暗示するものが意識上に現れようとするのを自我が抵抗する現象と考える。治療を一見妨げるようにみえる抵抗であるが，これを分析することで本人が何に触れるのを避けるのかがわかり，患者自身が自覚

していく過程が治療では必要と考える。一方,転移とは,患者が治療者に対する反応,例えば恋愛感情を抱いたり,極端に服従したり,腹を立てたり,憎んだり,軽蔑するなどのことを示す。これらは患者が幼い頃に重要であった人物に抱いた感情を,現在の治療者に向けて繰り返している現象と考え,フロイトはこれを「印刷原版」と表現した。誰に対しての感情が治療者に繰り返されているのかを患者自身が自覚していくことが,パーソナリティ構造変容のための治療では必要と考える。

(3) 現象学的アプローチ

メイ(May, R., 1909-1994)の「私たちは苦しむことなしで十全な人間になることはできない。それは心理学的成長を可能にしてくれる意味で重要な体験である」のことばに表されるように,心理的苦悩は心理的成長を可能にしてくれる意味で重要な体験である。古くから仏教と心理療法に認められるようなネガティブな感情を受け入れる人生へのアプローチと共通し,自己のネガティブな感情を受け入れること,パーソナリティを単純化要素化して研究するのではなく,全体理解を目指すことで人間性の成熟をはかる。代表的研究者としてロジャーズ,マズロー,フランクル,パールズを取り上げる。

a. ロジャーズ(Rogers, C.R., 1902-1997)

ロジャーズは,心理的苦悩を抱える人の症状の原因をカウンセラーが分析して解釈するのではなく,クライエント(来談者)が自己理解を深めることでパーソナリティを変容させることを支援する来談者中心療法を創始した。ロジャーズは,人間も含めあらゆる生命体(organism)は,自己実現傾向(self-actualizing tendency)を持つと考えた。人間は可能性を秘めた存在であり,植物の種のように適切な

環境下において花開かせようとする本当の自分(real self)を探究し，その方向に向けて歩み出す傾向があると考えた。ここでの適切な環境とは，本当の自分に向けて成長できる物理的または対人相互作用の環境のことであり，カウンセラーは心理的苦悩を抱えた人にあった適切な環境を作り出すことに努めるべきとした。クライエントはカウンセラーとの安全な雰囲気の中で自由に自己表現し，自己実現をはかるために動き出すといった人間性の成熟を促す治療モデルを考えた。

ロジャーズは，アメリカのイリノイ州の厳格なプロテスタントの家に生まれ，子ども時代はシャイで家族以外の対人交流に乏しかったようである。結婚後，神学校に一旦入学したが心理学へ転向した。ロジャーズの考えた治療モデルは，人間を基本的に健全な存在とみなし，神学や農学のように存在の基本的な成長可能性を信じて応援するものであり，精神分析のように，個人のパーソナリティの病理をどう治療するかというモデルとは異なる。また行動療法と共通する点として，経験はパーソナリティ形成の出発点であると考え，瞬間ごとに提示されるさまざまな可能性に完全に開かれた状態であり続けることで，経験が自己を形成し変容させると考えた。

b. マズロー(Maslow, A. H., 1908-1970)

マズローが，生き生きと人生を送るために重要と考えた自己実現欲求とは，人が「自分の潜在的な可能性や能力を最大限に開発・発揮して，人間的に成長したい，個性を生かして創造的な価値を実現することで，生きがいを感じたい」とする欲求のことであり，他者から認められることとは独立している。人は自分の自己実現欲求を理解することが，さらに健康的で適応的なパーソナリティの変容を促すと考えた。マズローが後年追加した自己超克の高さは，35歳

以上の成人においては幸福感と関連がある(Cloniger et al., 1993)。

c. フランクル(Frankl, V.E., 1905-1997)

フランクルが創始した実存分析(ロゴテラピー)は、オールポート(Allport,G.W.)によれば「実存的精神医学」理論であり、「生の哲学」である。フランクルは、人生における目的は自己の可能性の認識であり、我々は生きていると主観することを、客観的に意味づけすることによって補わなければならないと考えた。第二次世界大戦後に強制収容所の3年間の体験から、人間には苦しく破滅的な状況さえも耐え抜く2種類の能力、すなわち決断の能力と態度の自由の能力があり、心理的苦悩はその意味を見出された時にもはや心理的苦悩ではなくなると考えた。

d. パールズ(Perls, S.F., 1893-1970)

パールズは、1940年代にゲシュタルト療法の創始者である。パールズは、19世紀の終わりにベルリンで生まれ、医学を専攻し、従軍後に博士号取得後、精神科医のトレーニングを受け、心理学者と結婚し、南アフリカに移住、精神分析の研究所を作った。しかし精神分析では、患者は無意識領域の葛藤に無力な存在で、精神分析医が解釈をすることで患者を救うという治療モデルに疑問を持ち、患者自身が問題解決に際して、自己の役割を認識し、自身の創造力を使用した自己制御をすることが重要と考え、これを面接の中で促進するために、ゲシュタルト療法のセンターを立ち上げた。

(4) 認知行動療法アプローチ

a. 学習理論と行動異常

行動主義アプローチでは、積極的な症状や問題行動の軽減や緩和を治療目標とする。行動主義は学習理論に基づいた実験を行うが、

その中で行動異常が起こったケースが生じた。パブロフ(Pavlov, I. P.)による古典的条件づけを用いて、イヌに楕円と円の弁別をさせる実験において、楕円の長半径と短半径の長さを近づけていくと徐々に円と楕円との弁別が困難になり、イヌが実験神経症になったのである。ワトソン(Watson, J.B.)によるアルバート坊やの白ネズミ恐怖を条件づける実験では、その後を追跡して恐怖症の治療を行うことができなかったようであるが、学習経験によって成立した恐怖の条件づけをどう消去するかという発想から、行動療法が生まれた。ウォルピ(Wolpe, J., 1969)によれば、行動療法は「不適応行動を変容する目的で、実験的に確立した学習の諸原理を適用し、不適応行動を減弱、除去すると共に適応行動を触発、強化する方法」と定義される。学習により行動パターンが形成されるので、消去、再学習すれば行動パターンが変化すると考えた。

その後、認知主義の台頭により、バンデューラ(Bandura, A.)の社会的学習理論など認知による学習や症状を生み出す認知の機能が心理療法の分野でも取り入れられ、**認知行動療法**(cognitive behavioral therapy)が成立した。認知行動療法とは、認知の歪みと行動上の問題が症状を生み出し、維持されていると考えた。認知行動療法は認知と行動の適応的変容を目指す心理療法であり、認知、行動、情動、身体反応の悪循環を妨げる要因を見出していく。例えば、セリグマン(Seligman, M.E.P.)が電気ショックを用いた実験状況で、ショックを回避するための行動を起こさなくなったイヌが「学習性無力感」の状態にあると指摘したのは有名である。「もはや自分には状況をコントロールするすべがない」との認知が行動を抑制するということである。その後、例えば回避的行動特性を持つパーソナリティが不適応的行動を抑制できるようにする、非主張的な行動特徴を持つ

パーソナリティが新しい適応的行動を獲得するなどに認知行動療法が使用されている。

b. 認知行動療法の展開と代表的技法

行動療法と認知行動療法は治療効果の検証を積極的に行ってきたため、アメリカ心理学会による治療効果が十分に実証された(エビデンスのある)治療技法の例でも多数の技法が確認されている。認知行動療法が対応を得意とする分野は、うつ病、対人不安、慢性的学習意欲の欠如、パニック障害、心的外傷後ストレス障害(PTSD)、各種恐怖症、心身症、自閉症スペクトラム、注意欠陥多動障害(ADHD)、神経性習癖、非主張行動などであり、その適用範囲は広い。

使用する技法は、時代とともに新たな技法が開発されている。第一世代は、1950年代の古典的条件づけやオペラント条件づけを応用した行動療法で、恐怖症等の治療で多用されるエクスポージャー法や、知的障害児の行動形成等で使用するシェーピング法が代表的である。その後、社会的学習理論をもとに、社会スキル訓練が適用されるようになった。第二世代は、1960年代の情報処理モデルに基づく認知行動療法である。ベック(Beck, A.T.)の認知療法やエリス(Ellis, A.)の論理情動行動療法に代表される認知再構成法が、悲観的な思考パターンを持つパーソナリティや不安思考が特定の状況において活性化しやすいパーソナリティに適用されてきた。第二世代の治療目標は、症状や問題行動をもたらす認知の内容や頻度を変えることであったが、認知の変容には行動の裏づけがあることが有用であることから、行動療法も積極的に併用している。

先述のように治療効果に関するエビデンスが積み重ねられてきたが、①認知行動療法の技法の「何が」効果をもたらしているのか、

②これまで治療効果が上がらなかった対象まで適用範囲を拡大したい，③これまで治療効果の維持がうまくいかなかった対象まで適用したい，④低コストで効果のある集団療法を普及させたいといった課題が出てきた。これら課題に対応するため，2000年代になり，第三世代と呼ばれる新たな技法が展開している。第三世代のうち情報処理モデルに基づく代表技法は，うつ病の再発率への問題対応を考えるマインドフルネス認知療法（MBCT）や，慢性疼痛などのコントロールや集団療法への応用が期待されているマインドフルネスストレス低減法（MBSR）である。一方，第三世代のうち随伴性モデルに基づく代表技法は，今この瞬間の現実に注意を向け，非機能的認知と距離をおきつつ適応的行動を強化するアクセプタンス＆コミットメントセラピー（ACT），パーソナリティ障害のある患者との治療関係の強化や適応的対人関係形成を促進する弁証法的行動療法である。前者は認知療法寄り，後者は行動療法寄りである。

c. 被援助者との関わり方

認知行動アプローチの面接の特徴を以下にあげる。基本的な流れとしては，①情報収集とラポールの形成，②問題の分析と介入方法およびターゲットの決定，③心理教育，④ホームワークを含めた具体的介入である。

②問題の分析と介入方法の設定では，主訴を「標的行動」に置き換える。「情動」「行動」「身体」「認知」の4要素とこれらの相互作用を理解するためのケースフォーミュレーションを行い，症状や問題行動の"制御可能性"についての理解を深める。またセルフモニタリングによって，何が問題なのかを明らかにすることで行動の自発的変化が起きやすくなる。さらに「問題」「失敗」「症状」ばかりではなく，上手く行動できているところに気づくことで，バンデュー

ラの指摘する**自己効力**（self-efficacy）が上昇する。

③心理教育では，治療への動機づけを高めるため，治療に本人が積極的かつ主体的に参加して，カウンセラーと共同作業すること（協力的経験主義）で，正の強化を積極的に行い，適応的なスキルが発揮されやすくなるようにする。面接内で行動リハーサルをすることは重要である。④ホームワークではホームワークを積極的に活用し，行動的介入をはかる。ホームワークを出すときは，最初は達成可能性が高いレベルの課題からスモールステップで進める。面接の前半で，ホームワークに対するフィードバックを必ず行い，面接の最後にその日の振り返りと要約，次回までのホームワークの確認を行うなど，面接の構造化を図る。面接では，実行がうまく行ったもののみ大げさにほめる，結果のみならず実行のプロセスも評価し，さらなる課題点も伝える。さらに悪循環を分析することで，悪循環を維持する要因を取り除き，行動の積極性を増し，好循環への変容を促し，問題を多面的・客観的に見ることが可能になるため，結果として適応的なパーソナリティの変化がもたらされるといえよう。

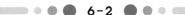

6-2 パーソナリティ心理学と犯罪・非行心理学

(1) 犯罪と骨相学

犯罪とパーソナリティの関係は，古くから身体の観点から検討されてきた。ドイツの解剖学者ガル（Gall, F.J.）が，大脳生理学的観点から犯罪者の頭蓋骨を調べたことに起因する。精神活動を司る脳が頭蓋骨の大きさや形状に反映されると考えるなど，生物学的，遺伝的要因を重視していたことがうかがえる。その後，犯罪者に関する

データを蓄積して分析する研究へとつながっていく。

イタリアの精神科医ロンブローゾ(Lombroso, C.)の『犯罪人』は，ダーウィン(Darwin, C.D.)の『種の起源』の影響を強く受けている。ロンブローゾは文明の進歩こそが望ましく，未開と退行は好ましくないと考え，犯罪者，精神障害者，自殺者，売春婦，浮浪者，不妊者などを多く含む家系や民族は退化し，滅亡していくと考えた。

ロンブローゾによれば，監獄での観察や計測によって犯罪者の身体的特徴は，あごが前方に突き出す，額が狭く後退している，頬骨が張っている，頭が大きすぎるか小さすぎる。後頭部が突出しているか絶壁，斜視，三白眼，耳がとがっている，耳が動く，鉤鼻，縮れ毛，三ツ口，顔が左右非対称，多産ないし無子孫，多指症または合指症，左利き等の報告がなされている(福島，1985)が，偏見やデータの裏づけのない思い込みが含まれていて，現在もそのまま受け入れられているわけではない。類型論で紹介した体型とパーソナリティの関連に興味をもったクレッチマー(Kretschmer, E.)も計測を積極的に行っていたという。

(2) 犯罪者とパーソナリティの病理

犯罪者の心理的特徴としては，道徳性の低さ，冷酷さ，自己中心性，衝動的，快楽への耽溺傾向などが古くから指摘されていた。

特性論で述べたビッグ5研究によれば，犯罪者は協調性と勤勉性が低いという指摘がある。さらに自己主張が強く，敵対的で不誠実，慎重さにかけ，根気強さや責任感に乏しい。自己統制感は低く，刹那主義，利己主義で，将来の見通しをもてない。犯罪者がパーソナリティ障害を持つ場合，反社会性パーソナリティ障害と妄想性パーソナリティ障害が多い。

犯罪者のプロファイリングからは，犯罪のタイプ別に特徴を示している場合がある。例えば，秩序型殺人の犯人は，知的能力は平均以上，高度な仕事につき既婚で，一見社会性があり，外見も整っている。一方，無秩序型殺人の犯人は，秩序型殺人と比較して相対的に知的水準が低く，無職か単純労働に従事し，精神疾患に罹患している可能性が高い。

その他，注意欠陥多動障害，自閉症スペクトラム障害，学習障害などの発達障害と犯罪や非行との関連が指摘されているが，これは発達障害が原因というよりも，発達障害と環境との相互作用で生じた二次的障害が反社会的行動と関連しているという考え方が主流である。

(3) 非行少年のパーソナリティ形成

福島(1985)はその著『非行心理学入門』の中で，非行少年に見られるパーソナリティやパーソナリティの発達環境の特徴として，子ども本人の知的障害と親の知的障害，犯罪歴，および飲酒癖を挙げている。しかし，双生児研究の結果は必ずしも遺伝の強い影響を支持するものではないため，福島(1985)は，「ある素質に対しある環境が働きかけて，特定の人格の発達ないし発達障害が起こり，そのうえにさらに一回的な人生上の出来事が起こったり，本人の自由意志による決断が働き，非行に走ったり，走らなかったりしたということ」と表現している。犯罪精神医学者の吉益脩夫，樋口幸吉，中田修は，非行少年のパーソナリティには，現在のパーソナリティ障害の原型となっているシュナイダー(Schneider, K.)の精神病質的パーソナリティのうち，情性欠如，自己顕示，発揚，意志欠如がみられるとした。

非行心理学では,非行が起こる環境にも注目している。サザーランド(Sutherland, E.H.)の分化的接触理論では,排斥された者同士が付き合うと,コミュニケーション過程の中で学習されて,反社会的行動が生じやすいと考える。排斥されやすい子どもは,乱暴,短期,衝動性の高さ,統制不良の特徴を持ち,集団になるとさらに反社会的行動が起こりやすくなる。

行動主義者アイゼンク(Eysenck, H.J.)も,犯罪や非行が起こる環境要因を重視した。外向性行動の強化と悪い行動の抑制が起こりにくいことに注目した。外向的で神経症的傾向が高い(情緒不安定な)タイプは行動面での問題を引き起こしやすく,犯罪・非行に親和的とも言える。他方,内向的で神経症的傾向の高い人は,アイゼンクによってディシミック(dysthmic)という名称が与えられ,神経症などの主として性格上の問題を引き起こしやすいと考えられている。非神経症的で外向的なタイプと非神経症的で内向的なタイプは正常者になりやすいと想定した。子どもの場合,条件づけが起こりやすいので,非行抑制のためにも家庭環境や学校・友人環境が大事である。

6-3 パーソナリティ心理学と人間関係の心理学

(1) 対人関係の心理

我々は出会った相手の感情表出,態度,外見,出身,職業などの情報を手がかりに,何らかの相手に関する判断を行っており,これを対人認知という。さらに親密な関係を築くために相手に惹きつけられる心理的な力を対人魅力といい,外見,態度,環境的要因,生

理学的覚醒，相互作用，時間経過の要因が関与していることがわかっている。親密な対人関係を築くには，近接性要因（単純接触効果），類似性要因，相補性要因，外見的魅力が必要になってくる。対人魅力を高めるパーソナリティ特徴としては「正直さ」「思いやり」「誠実さ」があげられ，一方で対人魅力を低める特徴は「抑うつ的」である。対人関係を形成するのが上手な人は，相手の非言語行動を読み取り，その場の雰囲気をよみ，適切な対人間の距離を取れる人であろう。

(2) 自己評価と他者評価の関係性

自己評価（self-evaluation）とは，自分に対する自身の評価のことで親子関係，対人関係，ライフイベントの影響などの影響をうける。自己をよい能力や特性をもった肯定的存在として自己評価したときに生ずる感情のことを自尊感情というが，自尊感情と自己評価の高さには一般的には正の相関がある。自己評価する領域によっても異なる。日本人の自尊感情について1984年から2010年に発表された256研究を総合した研究からは，現代に近づくにつれ，日本人の自尊感情の平均値が低下し（小塩ら，2014），日本人の自尊感情の調査研究のメタ分析からは，年代を追うごとに性差が小さくなり，わずかに男性が女性より高い。

ポストフロイト派のホーナイ（Horney, K.）は，患者の語りには，現実自己と理想自己の2種類が含まれると考えた。現実自己とは，自分自身あるいは重要な他者が，その人が実際に持っていると考える性質のことである。理想自己とは，自分自身あるいは重要な他者が，その人が実際に持っていてほしいと考える性質のことである。理想自己と現実自己のギャップが，自己評価に影響を与えると考え

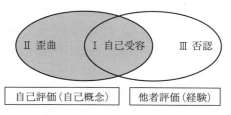

図 6·1 自己受容による人格変化
出典) Rogers(1951)

た。ヒギンス(Higgins, E.T.)の「セルフ・ディスクレパンシー理論(1987)」によれば，これらのギャップが適度な場合には，理想自己に向かう努力が起こるよう動機づけられるが，ギャップが大きすぎる場合には，悲しみ，失望，不満，恥，無気力になる危険性があると考える。青年期はギャップが大きくなる時期であり，通常女性の方が男性よりもギャップが大きい。

自己評価の高低と他者評価の高低の組み合わせで，自己評価が他者評価と一致した場合には自己受容(self-acceptance)が高まり精神的健康は保たれる。これは現象学的アプローチのロジャーズも指摘していたことである(図 6·1)。他者の目を意識して，自己を肯定的に見せようと意識することを「自己呈示」という。

(3) 対人不安

対人不安にかかわるパーソナリティ研究は，今も昔も活発に行われている。

a. 基本的不安

ドイツの精神分析医ホーナイが提唱したのが，基本的不安の概念であり，攻撃，欺瞞，裏切り，嫉妬など危険に満ちた世界で，自分

ひとりが見捨てられ,無力な存在であるという感情と定義した。基本的不安が強い場合,その後の対人関係の面での人格特徴を決定すると考えた。

ホーナイは具体的には,①人に向かう,②人に反発する,③人から離れるの3方向から対人関係の特徴を捉えようとした。①人に向かう特徴がマイナスの方向に働くと依存傾向が強まり,プラスの方向に働くと親和傾向が強まる。②人に反発する特徴がマイナスの方向に働くと敵対傾向が強まり,プラスの方向に働くとリーダーシップ傾向が強まる。③人から離れる特徴がマイナスの方向に働くと孤立傾向が強まり,プラスの方向に働くと独創的な傾向が強まる,と考えた。

b. シャイネス

対人状況で生起する不安感を対人不安というが,シャイネスは他者との良好な関係を形成や維持を阻止する対人不安のことである。日本人の大学生の90％が自分をシャイだと感じた経験あり,75％がそのようにシャイな自分を問題と考えており,欧米の同年齢の若者に比べてシャイネスが高いという特徴を持つ。シャイな人は友人関係においても,自分の本心とは異なっても他者の反応に同調するなど,感情表出を制御することが多く,友人関係満足度が低い(對馬・松田, 2012)。

c. 対人恐怖症

対人不安が,社会生活に影響を及ぼすほど強くなると対人恐怖となる。対人恐怖は「対者と同席する場面で,実際の状況とはつり合いがとれないほどの強い不安と精神的緊張が生じ,そのために他者に不快な感じを与えるのではないか,また他者に軽蔑されるのではないかと考え,対人関係を回避しようとする不安障害の一種」であ

り，DSM-5 では社交不安障害のカテゴリーに相当する。対人恐怖症の治療法としては，認知行動療法のエクスポージャー法の適用が一般的で，2016 年から保険診療化された。

(4) パーソナリティと友人関係

家族以外の親密な関係を持つ他者である友人と自発的に深い関係を築くことと精神的な健康には相関があることはよく知られている。友だちが多いイメージを抱かせるパーソナリティ特徴は「外向性」「調和性」「誠実性」の高い人である。現代青年の友人関係を読み取るキーワードは，自己を価値あるものとして体験しようとする「自己愛」，従来の対人恐怖が苦手とする出会い場面ではなく親密な関係に発展する場面を恐れる「ふれあい恐怖」(岡田，2002)，自己の直接的なポジティブな経験に関係なく，他者の能力を批判的に評価し，軽視する「仮想的有能感」(速水ら，2004)である。

(5) パーソナリティと家族関係

a. 親子関係

パーカーら(Parker, Tupling, & Brown, 1979)によれば，子どもからみた親の養育態度を測定する尺度を作成した結果,「養護」と「過保護」の 2 因子になり，子どもを養護する温かさが子どもの抑うつを干渉し，親の拒否的で過干渉の養育態度が，抑うつのリスクを高めるとした。また夫婦間の愛情が深いと家族の凝集性が高まり抑うつを抑制する。夫婦間葛藤が強まることを子どもが恐れると抑うつなどの内在化行動に，夫婦間葛藤の原因に関し子どもが自己非難すると非行などの外在化行動に陥りやすいといった知見もある。被虐待児のビッグ 5 研究では，被虐待児は 6 歳時時点で相対的に協調性,

良識性,情緒安定性,知的好奇心が低く,その傾向は9歳まで維持されていた(緒方,2013)。

現代日本においても離婚,再婚件数が増えているが,夫婦の片方,あるいは両方が子連れで結婚・再婚してできたステップアップファミリーや,親がLGBT(性的少数者)の家庭で育つことが,子どものパーソナリティに影響を与えるかどうかについては,検討すべき変数が多く複雑すぎるため,事例研究となる傾向があるが,今後さらに研究が発展するであろうホットなテーマである。また,近年の日本では珍しくなった多世代での子育てと核家族との比較も興味深いテーマである。

b. きょうだい関係

日本におけるきょうだい関係とパーソナリティを検証した代表的な性格心理学者は,依田明(1932-2015)である。依田・飯嶋(1981)によれば,長子的性格は控えめかつ自制的であり,次子的性格はお調子者であるとした。しかし,家族の中での役割,呼称(名前の呼ばれ方),きょうだいの人数,双子など多産児であるかどうかなど,変数が多くて確固たる知見は出ていない。

c. 愛着(アタッチメント)

従来の愛着研究は,幼児と養育者の関係性から幼児の対人行動特性を調べるものであった。この場合の養育者は母親に限るわけではなく,母親以外の人物が子どもの世話をするアロマザリングを行う者と子どもの間にも愛着は形成される。代表的なボウルビィ(Bowlby, J.)の養育者への愛着理論と内的作業モデルや,エインズワース(Ainsworth, M.D.S.)の愛着理論に基づいた実験的観察によって愛着の類型化(安定型,回避型,アンビバレント型,無秩序型)を試みた研究などが有名である。近年のパーソナリティ研究では,青

年期から成人期のアタッチメントスタイル研究が盛んである。

バーソルミューとホロウィッツ(Bartholomew & Horowitz, 1991)は成人の恋人や配偶者との愛着を調査し、内的作業モデル-自己モデル「自分は他者から愛される価値をもっているのか」と他者モデル「他者は自分のことを愛してくれるか」の組み合わせから、安定型、とらわれ型、軽視型、恐れ型に類型化した。日本の学生を対象にした研究では、それぞれ23.5%、38.6%、9.4%、28.5%であった(田附, 2015)。夫婦双方が安定型であると葛藤に対して建設的に対処できる。夫婦どちらかの自己モデルが否定的である場合、とらわれ型、恐れ型になりやすく葛藤を深刻化させやすい。

愛着の病理がみられる DV(domestic violence; 家庭内暴力ないし夫婦間暴力)家庭では、加害者となる家族メンバーのパーソナリティには、自己制御能力の低さと、長期的見通しのなさがみられる。

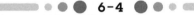

6-4 パーソナリティ心理学と発達心理学

(1) パーソナリティの形成要因に関する諸説

a. 遺伝説：身分や社会体制が固定的な時代においては、パーソナリティにおける気質の役割が重視されてきた(表6・1)。現在は、全ての気質が遺伝で説明できるわけではないことは周知されているが、ビッグ5においても一定の遺伝の寄与がみとめられている。

b. 環境説：社会が流動的になり、民主平等思想が優勢になると、パーソナリティの形成における学習の影響力を重視するようになる。

c. 輻輳説(加算的寄与説)：遺伝要因と環境要因がともに働いて

表6·1 ビッグ5の遺伝率

特 性	遺伝率
外 向 性	0.49〜0.57
協 調 性	0.33〜0.51
良 識 性	0.44〜0.53
情緒安定性	0.41〜0.58
知的好奇心	0.48〜0.58

出典) Bouchard & Loehlin (2001); Loehlin et al. (1998); Bouchard (2004)より

一定のパーソナリティ特性が形成されるが、個々の特性ごとに遺伝と環境の関与する割合が異なると考える説であり、シュテルン(Stern, W.)やルクセンブルガー(Luxenburger, J.H.)が提唱した。

d. 相互作用説：遺伝的要因は単純に加算されるものではなく、環境要因と互いに影響しあいパーソナリティの形成に相乗的に作用すると考える説である。ジェンセン(Jensen, A.R.)が提唱し、プロミン(Plomin, R.)は次の3つに分類した。①能動的相関：個体が環境に働きかけ、また環境を選択する。②受動的相関：親の伝える遺伝と用意する環境が同じ方向にある。③誘導的相関：個体の行動に他者が反応することで形成される。

相互作用説に基づく見解が、パービンの「パーソナリティは認知、情動、人間の生活に方向性とパターン(一貫性)を与える行動の複合したメカニズムであり、身体と同じようにパーソナリティは構造と過程からなり、素質(遺伝)と養育(経験)を反映し、さらにパーソナリティは現在と将来に加えて、記憶を含めた過去の影響を受けている」の定義(Pervin, 1996)によく表れている。多様な生活環境に、異なる遺伝子を持った人々がそれぞれ異なった方略で適応できるようになる仕組みが多様なパーソナリティとして現れているのである。

(2) パーソナリティの形成における遺伝・環境要因の寄与についての研究法

a. 家系研究法：同じ家系に特徴的な性質をもつ者を探す方法であり，遺伝学者ゴールトン(Galton, F.)が代表的研究者である。家系研究法は，遺伝的要因と共有環境の要因による影響が弁別できない欠点がある。

b. 双生児研究法：一卵性と二卵性のペアの類似度を比較する方法であり，2つのグループ間の差異を遺伝要因(DNAの一致度)によって説明する(表6·2)。表6·2は，小児の行動的特徴を比較したものであるが，指吸い以下では一卵性双生児の方が二卵性双生児よりもペアの類似度が高いことを示している。

c. 養子研究法：養子に出された子どもと生みの親の相関，養子に出された子どもと育ての親の相関を比較する。

d. 行動遺伝学的研究法：ある性質を遺伝(A) + 共有環境(C) + 非共有環境(E)の影響力の割合で説明する。

表6·2 小児期の行動特徴および体質に関する双生児対間の一致率

		一卵性		二卵性		群間差
		総数(組)	一致率	総数(組)	一致率	
睡眠中の行動	歯ぎしり	15	93%	68	44%	$p < .001$
	夜 尿	53	68%	42	36%	$p < .01$
	夢 遊	19	47%	14	7%	$p < .04$
く せ	爪かみ	77	66%	55	34%	$p < .001$
	指吸い	80	58%	43	44%	有意差なし
体 質	乗物酔い	6	74%	35	29%	$p < .001$
	便 秘	23	70%	17	18%	$p < .005$

出典) 榎本・桑原(2004)

多数の行動遺伝学的研究により，多くの特性は，遺伝の説明率30〜50％，非共有環境50〜70％ということが明らかになり，共有環境の影響力はそれほどないことがわかってきた。子どもの否定的情動に関する大規模メタ分析では，親の養育態度の効果は小さく，社会経済的地位，遺伝を統制するとほぼ効果がみられなくなると予測して，村上（2011）はこれを「子育て神話の崩壊」と表現している。

(3) 子どもの気質と環境の影響
a. 乳幼児の気質
気質（temperament）は体液の混合に由来する体質を示すことばで，性格の初期値に相当する。

トーマスとチェス（Thomas & Chess, 1986）は，乳幼児の縦断研究において，観察法，知能検査，面接や保育士からのヒヤリングを行い，気質には，①活動水準，②接近と固執，③周期性，④順応性，⑤反応閾値，⑥反応の強度，⑦機嫌，⑧気の散りやすさ，⑨注意の範囲と持続性の9特性と，それらの組合わせにより，「扱いやすい子」「扱いにく子」「順応が遅い子」の3類型に分類した。

b. 気質と養育行動〜乳幼児期の母子関係
ハーロー（Halow, H.F.）は代理母ザル実験から，愛着の形成には生理的欲求より心理的欲求が重視されると明らかにした。スピッツ（Spitz, R.A.）は乳児院での現状を研究し，母親から離れて施設で過ごす子どもにみられる発達の遅れ，反応の希薄さ，対人無関心などの症状を愛情剥奪症候群「施設症（ホスピタリズム）」と呼び，母性的養育の欠如に起因するとした。マーラー（Mahle, M.）は，3歳頃までの子どもの発達を母親との分離-固体化過程で捉えた分離-固体化理論を提唱した。過程はそれぞれ，①正常な自閉期（生後1，2カ

月),②(母親との)共生期(生後5カ月),③分離-個体期(分化期1歳頃,練習期1歳半頃まで,再接近期2歳頃まで),④対象恒常性の獲得(2歳以降)に分けられる。発達の初期段階における母子関係に,愛情不足や過干渉,過度の束縛,苛酷な虐待などの障害があって,他者や環境や未来に対する肯定的な認知を獲得することができないと,将来,境界性パーソナリティ障害になるリスクが高まると考えられている。

c. 遺伝と環境の相互作用の分析

行動遺伝学的には,ビッグ5等のパーソナリティ特性には青年期以降に共有環境の単独の影響はみられなくなる。しかし,敷島ら(2011)によると,母親の情愛が低い場合は子どもの共感性における共有環境の寄与率10%だが,母親の情愛が高い場合は共有環境の寄与率は30%になるなど,遺伝と環境の相互作用はかなり複雑である。

例えば,小5〜高3までの青年を2002年から縦断的に調査を行ったアメリカのタフツ大学の研究がある。若者の肯定的な発達を促す要因について,本人のパーソナリティ(首尾一貫感覚などの強み,意図的な自己制御など),生態学的環境(親,学校,近隣),文化的,政治的,経済的背景から分析を行った。第1回目の調査は全米44州から約7000人の子どもと約3500人の保護者を対象にし,最終的には第8回目までを調査した縦断研究が行われたが,単純な経路では説明できなかった。

また,生涯を通してみると,思春期から成人期に関して,時間的経過の中でのパーソナリティの一貫性は低い。集団の平均では,若年成人より中高年は協調性と誠実性が高く,外向性,神経症傾向,開放性は低い(Roberts & Takahashi, 2011)。それに比べ,50 - 70

歳は高い一貫性を持つが,初期パーソナリティと後期の生活変数(家庭生活,仕事などの生活満足度)との相関は低い。

6-5 パーソナリティ心理学と健康

将来の健康,身体疾患のリスクにかかわる行動として,タイプAとタイプCと呼ばれるパーソナリティを取り上げる。

(1) タイプA行動特性

ローゼンマン(Rosenman, R. H.)とフリードマン(Friedman, M.)が,1970年代に心筋梗塞など冠状動脈性心疾患(Coronary Heart Disease:CHD)の危険因子の1つとしての行動特徴を持つパーソナリティがあることを確認し,これをタイプA行動特性と名づけた(Friedman & Rosenman, 1959)。タイプA者は,成功欲求が高く,自己主張も強く,挑戦的,強迫的で,性急である。タイプA行動をより緩和な行動パターンに変容させるための努力をすることは,CHDの発症予防や再発予防に有益であると考えられ,タイプAカウンセリングとして開発されている。ローゼンマンとフリードマンは,タイプA行動特性を示すことが少ない人々をタイプB行動特性と名づけた。タイプB者は,ゆったりとして,寛いだ,非競争的なライフスタイルを示す。従来,タイプB者は冠状動脈性心疾患にはかかりにくいものの仕事には積極的でないとの評価であったが,近年は解決を先延ばしする,全てにおいて成功を求めないなど,ストレスコーピングの柔軟性が再評価されている。

タイプAは日本においても研究が盛んであるが,欧米とは異なる

日本独自のタイプAがあることが指摘されている。日本人は我慢強く,攻撃性や競争心が低めで,仕事熱心が特徴的である(保坂・田川,1993)。これらをふまえて作成された「日本版タイプA尺度」(瀬戸ら,1997)は,敵意,完全主義,日本的ワーカホリックの3下位因子である。日本的ワーカホリック因子に関しては,状況と素因の相互作用ということがわかる。敵意因子が高いと抑うつが高くなる傾向がある(嘉瀬・大石,2015)。松田・岡田(2016)は,日本人大学生を対象に夢の調査をした結果,タイプA者はタイプB者より,自分が追いかけられ,鮮明性が高く,怒り,悲しみ,恐怖,緊張,不安な情動を伴う夢を多く想起していた。これにはタイプA行動特性のうち,敵意的行動特徴,日本的ワーカホリックの特徴が寄与していると考えられている。

(2) タイプA行動特性変容のためのカウンセリング

フリードマンらの心臓病再発防止プロジェクトでは,患者1,013名を対象に,心臓カウンセリングとタイプA行動カウンセリング併用群,心臓カウンセリングのみ実施群,統制群を比較したところ,再発率はそれぞれ,12.9%,21.2%,28.2%であった。タイプA行動カウンセリングには,認知の変容と変容への動機づけが重要である。例えば,前田(1993)による簡易タイプA行動カウンセリングは,認知行動療法をベースにして,患者の背景に関する情報収集(職業の内容,職階層,ライフスタイル,ストレスなど),質問紙法,面接法によるアセスメントによって,患者自身の気づきを促すことにより構成されている。タイプA行動のリスクについての心理教育,行動修正をスモールステップで行い,行動変容に関するフィードバックを行う。その他,管理栄養士,健康運動士,臨床心理士による運動,

栄養指導，体調，血圧，体重などのアセスメントに基づいて，セルフモニタリングとカウンセリングを行う。

(3) タイプC行動特性

　協力的で控えめで，自己主張が弱く，忍耐強く，負の感情(特に怒り)を表現せず，外的な権威に対して従順な性格特徴をもつタイプC性格者(Temoshok, 1987など)は，癌になりやすい性格とされているが，タイプAよりはエビデンスは頑健ではない。心理的特徴としては，冷静，愛想のよい，勤勉，完全主義，常識的，防衛的である。ストレスに対する対処様式に問題がみられ，他者配慮のため非主張的，感情表出しない(特に怒り)，忍耐強い，権威に従順などである。タイプC行動特性を変容させるカウンセリングでは，アサーション・トレーニングなどが有効であると考えられる。

◀まとめ▶
❏ パーソナリティ心理学とその他の心理学との接点について整理した。具体的にはパーソナリティの適応的変容を支援する臨床心理学，パーソナリティの発達について考える発達的心理学，パーソナリティの異常と反社会性について分析する犯罪心理学，パーソナリティと健康に関する健康心理学の各分野である。

◀より進んだ学習のための読書案内▶
フランクル，V.E／池田香代子(訳)(2002).『夜と霧　新版』みすず書房
　　☞原著の初版は1947年，霜山徳爾の翻訳による日本語版の初版は1956年で，日本のみならず世界中で読み継がれているベストセラー。
熊野宏昭 (2012).『新世代の認知行動療法』日本評論社
　　☞近年ストレスのセルフコントロール法として注目されているマインドフルネス認知療法を含め，心身医学・行動医学の立場から，第三世代の認知療法を俯瞰的かつ丁寧に解説している。

岸見一郎・古賀史健 (2013).『嫌われる勇気―自己啓発の源流「アドラー」の教え』ダイヤモンド社

> ☞近年ビジネスパーソンを中心に人気のアドラー心理学について，おもしろく読める自己啓発書。精神分析の中では珍しく，過去のトラウマにとらわれず，現実世界の対人関係がもたらす問題解決に視点を向ける。

7章

パーソナリティ心理学と他学問とのコラボレーション

パーソナリティ心理学の学際領域

キーワード
文化的自己観,器質性人格変化,神経伝達物質,内在化障害,外在化障害,アナログ研究,DSM-5,パーソナリティ障害

7-1
パーソナリティ心理学と文化

(1) 人 類 学

　文化のパーソナリティの形成に影響に関する研究の端緒は,1930年〜1950年代の文化人類学研究にみられ,文化に適応したパーソナリティが形成される証拠を集めた。代表的な研究者には,ベネディクト(Benedict, R.)やミード(Mead, M.),新渡戸稲造がいる。自己イメージ研究の先駆者であるジェームズ(James, W.)は,自己経験の3要因として物質的(身体的)自己,社会的自己(他者の目からみたその人の評価の知覚),精神的自己(思考や感情の個人的体験を監視する自己)をあげた。現象学に代表される人間性心理学にとって

の自己は,首尾一貫性やパーソナリティの安定性を生み出す単位であると考え,私的自己を重視したが,一方クーリー(Cooley, C.)は他者が我々について持っていると我々が想像する評価を自己が反映するとして「鏡に映った自己(looking glass self)」と表現した。ミード(Mead, G.H.)は後者の考えを拡張し,自己同一性は他者が我々に対して持っている志向性を統合することから発達すると考えた。

(2) 比較文化心理学

比較文化心理学は各文化に所属する人間のパーソナリティの次元を,心の普遍性と多様性から捉えることにより文化間比較を行うもので,価値,規範や信念などが研究対象となっている。文化心理学者のマーカスとキタヤマ(Markus & Kitayama, 1991)は,パーソナリティを「認知,感情,動機づけを含む多くのまとまりと合致した反応パターンの慣例化の結果」と定義した。このことは,「文化的自己観」によってパーソナリティの理解の仕方,すなわち自己と他者の捉え方が異なるということである。例えば,自己を定義する文脈によって自己のどの特質に注目すべきなのかが異なっており,主に東アジアや東南アジアでみられる「相互協調的自己観」と,主に欧米でみられる「相互独立的自己観」があげられる。投映法で紹介した20答法を行うと,前者は社会的属性を示す記述の割合が高く,後者は個人の心理的な特性を示す記述の割合が高い。また,特性論で紹介したビッグ5の比較文化研究では,日本人特有の現象として,5因子(外向性,開放性,誠実性,調和性,神経症傾向)に分かれにくいという指摘がある。具体的には,日本人は調和性の得点が高いが,1因子にまとまらず,正直さ・謙虚さ(honesty-humility)を加えて,ビッグ6となる。また神経症傾向は少し高いが,加齢とともに下が

る傾向を示している。

　逆境に強いパーソナリティを示すレジリエンスに関し在日中国人留学生と日本人大学生を比較した研究(許・松田，2016)では，在日中国人留学生は日本人大学生よりレジリエンスが高く，神経症傾向が低いことがわかった。留学など異文化環境において民族アイデンティティが高まり，それが自我アイデンティティを媒介して，適応感や心身の健康を高める(植松，2010)。社会的逸脱行為と相関がみられた自己主張の強さ，自己抑制の弱さを，日本，韓国，中国，米国の大学生で比較したところ，日本人は自己主張が弱く，中国人は自己抑制が強い(原田ら，2014)。しかし「文化レベル」での分析と「個人レベル」での分析の結果が必ずしも一貫しないという問題点があげられる。

　1960年代になり箕浦康子は，心理人類学の立場からパーソナリティの情動，認知，行動の3側面も文化の影響と個人の影響の両方を受けるとした。古典的なパーソナリティの発達理論ではパーソナリティの発達に影響する社会文化的要因を重視し，デュボア(DuBois, C.)，カーディナー(Kardiner, A.)など精神分析では発達要因のパーソナリティへの影響を重視する。

　IBMが40カ国，11万人を対象に行った大規模調査では，組織からの独立性を重視する傾向を示す個人主義傾向は，アメリカ，オーストラリア，イギリス，カナダで相対的に強かった。一方，組織が個人に与える機会や環境を重視する集団主義傾向は，ベネズエラ，コロンビア，パキスタン，ペルーで相対的に強いが，特に日本人は目立った傾向を示さなかった。

7-2
パーソナリティ心理学と脳科学

(1) 脳の構造・機能とパーソナリティ

　脳の構造と機能については，パーソナリティとの関連からも古くから注目されてきた。6-2節で述べたロンブローゾが影響を受けた19世紀初頭のドイツの解剖学者のガル(Gall, F.J.)は，脳を27の精神機能を司る器官の集合体と考え，後の骨相学につながった。その後の研究で，大脳では，思考活動全般を司る大脳皮質のうち前頭葉下面の皮質は情動表出のコントロールの機能に，また情動全般を司る大脳辺縁系のうち視床下部は本能の制御の機能に関わるし，中脳は行動の動機づけを制御するドーパミン系神経系，覚醒を制御するセロトニン神経系に関わることがわかった。さらに，心理生物学的手法によって，外向性や社会性，神経症傾向，精神病質，衝動性，刺激希求性，地域性について検討されている(Zuckerman, 1991)。

(2) 医学的(器質性)疾患によるパーソナリティ変化

　DSM-5(American Psychiatric Association, 2013)では「他の医学的疾患によるパーソナリティ変化」が加わった。これはDSM-Ⅳ(American Psychiatric Association, 1994)では第Ⅲ軸にあった身体疾患による精神疾患のうち，「器質性人格変化」が独立したものである。代表例としては，身体疾患や神経疾患による人格変化がある。身体疾患によるパーソナリティの変化は，側頭葉てんかんによるものが代表的で，攻撃性が増す，細かなことにこだわる，自慢をするなどの変化を示す。側頭葉てんかんの患者は，記憶の想起に問題が起こり，悪夢の発作を起こしやすい(Solms,1999)。

7-2 パーソナリティ心理学と脳科学

　もう一つの神経疾患，例えば頭部外傷や脳腫瘍による人格変化の例としては，事故による頭部外傷から人格変化を起こしたゲージの事例が有名である。ゲージ(Gage, P.P., 1823-1860)という実在の人物が，鉄道会社の主任技師として勤務していた現場の発破の事故で，鉄の棒が頭を貫通したが，一命はとりとめ，意識は保たれていた。前頭葉が損傷したが，その治療に当たった担当医が書いた解剖学的図が残されている(図7・1)。前頭葉の損傷前は誠実で，礼儀正しく，有能であったが，事故後は，気まぐれで，粗野，衝動的で，思いやりがなく，頑固で，計画的行動がとれないといったパーソナリティの変化が見られ，結局仕事をやめざるを得なかったと言う。

　その後，積極的に病理的なパーソナリティに変化をもたらすための外科手術ロボトミーが開発された。モニス(Moniz, E.)は，統合失調症患者に世界で初めてロボトミーを施術し，1949年にノーベル賞を受賞した。1930年代から1970年代まで前頭葉切除ロボトミーが行われていたが，主症状は抑えられたものの，人間的な計画性や意志が奪われたとして，現在では禁止されている。

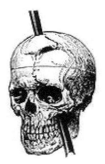

図7・1　ゲージの前頭葉損傷のようす
出典) Harlow (1868)

(3) 神経伝達物質の影響力

乳幼児の気質理論の提唱者にはトマス(Thomas, A.)とチェス(Chess, S.)がいるが,成人の気質理論の提唱者はグレイ(Gray, J.A.)とクロニンジャー(Cloninger, C. R.)がいる。パーソナリティの各特性を発現させる遺伝子の研究から,4つの気質が遺伝的基盤を持つ特定の脳内神経伝達物質システムによって制御されていると考えた(Cloninger, 1986)。具体的には,衝動的行動をもたらす「新規性追求」とドーパミンシステム,行動を抑制する「損害回避」とセロトニンシステム,行動を維持する「報酬依存」とノルアドレナリンシステム,行動の持続性をもたらす「固執」に対応する神経伝達物質システムの4気質があり,「自己志向」「協調性」「自己超越」の3性格があると考えた(5章の図 5・2 参照)。これは Temperament and Character Inventory(TCI)と呼ばれるテストで測定できる。

これらの研究は一時期盛んになったが,特定のパーソナリティ特性を支える神経伝達物質システムの特定が必ずしもうまくいかないなど,課題の多い研究分野でもある。一方で,①気分障害,②パーソナリティ障害,③不安障害,④物質使用の問題,⑤統合失調症などの精神障害の表現型構造を検討し,その発症に及ぼす遺伝的影響力を推計する行動遺伝学はさかんになっている。

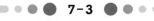

7-3 精神病理学

(1) クレッチマーの気質論

現在は,歴史的な意味として語られるクレッチマー(Kretschmer, E.)の体型とパーソナリティの類型論であるが,体質の表現型を気

7-3 精神病理学

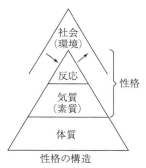

図7·2 クレマッチマーが考える性格の構造
出典）相場(1963)

質(素質)と呼び，社会(環境)との相互作用でおこる反応とあわせて性格と呼んだ(図7·2)。クレッチマーの患者による性格の個性記述的描写が非常に豊かであることが知られている。一見矛盾するような気質3類型それぞれに関する説明も，精神病理学的には了解可能である。例えば，分裂性気質は内閉的気質が基底にあり，閉ざされた外界に対しては鈍感であるが，心の内に刺激が入るやいなや，その痛みに耐えられずに過敏になると考えられる。また，循環性気質は軽躁と抑うつが同居しており，環境への適応がよく，気分が高揚するときも沈んでしまうときも外界からの刺激を拒絶することはなく，いつも環境に同調すると考えられる。後年に追加された粘着性気質は，粘着と爆発が同居している。つまり粘着的だからこそ，強い刺激がくると，それを弾きかえすような激しい爆発性を示すのである。健康なパーソナリティと病理的パーソナリティの間には大きな隔たりがあるものの，スペクトラムで捉えるとき，クレッチマーのように各々の気質と親和性の高い精神障害を知ることは大きな手がかりとなる。また，クレッチマーの分裂性はユングの内向性と，

循環性気質は外向性と関係している(若林, 2000；佐藤, 2009)。

(2) 精神病理学における気質論と適応的変化を促す心理臨床

臨床心理学者で精神病理学者である相場均は，1963年の著書『性格―素質とのたたかい』において，心理臨床についての深い示唆を与えている。「長く精神科に勤務する医師は，どうしても素質論に傾倒しがちであるが，心理の立場では，環境の良い作用を求めて，その素質(気質)と戦う心理支援を目指すようなものだ」ということである。心理臨床とは何か，特別支援教育とは何かということについて深く考えさせられる。

相場(1963)は，西ドイツのチュービンゲン大学神経科での勤務の時期に，ロゴテラピーのフランクル(Frankl, V.E.)と出会った体験を「フランクルの楽天的な声から，限界状況において生き残った理由，ナチ収容所での凄惨な経験を精神病理学者として冷静な目で観察できたかの理由を悟った」と表現している。相場は，フランクルが主宰する心理劇を見て，登場する患者が演じる役割は現実とは逆になっていることに気づいた。つまり，ロールプレイの中で他者への共感を増し，客観的に自己をセルフモニタリングするのである。心理劇は自分を何らかの型において表現しようとする行為であり，「他者」つまり観客が必要で，心理劇では両者がいるから異常な興奮，すなわち心理学的治療効果が起こる。同様に，子どもの遊戯療法も治療者がいるからこそ効果がある。幼児は「他者」の出現によって，自己と他者(母親)を意識し，人見知り反応が起こる。心理劇の役割理論の提唱者は，人間のパーソナリティは役割によって変わると主張する。

フランクルが提唱した，ロゴテラピーは，人間存在や苦しみの意

味を考えることで，人間性を深くし，その苦悩を乗り越えることを意味する。生物学的治療や心理学的治療で症状が治ったとしても，その人本来の人生における創造がなくなれば，社会生活が平板化するのでたとえ素質（気質）的な負因を負っていたとしても，その人なりの現実的生活やその人なりの将来の希望が存在していることは素晴らしいと相場は指摘している。

(3) 精神疾患の行動遺伝学

行動遺伝学では，精神疾患を内在化障害と外在化障害の2つのカテゴリーに大別し，さらに内在化障害は気分の問題と恐怖の問題に大別される（図7・3）。統合失調症や躁うつ病，うつ病といった内因性の精神疾患に関しては，遺伝の影響力が80％以上であり，家族などの共有環境の影響力はほぼなく，非共有環境の影響力がわずかにあるだけである。内因性精神疾患は，母性の欠如した家庭環境に起

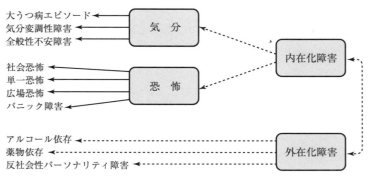

図7・3 行動遺伝子による精神疾患の分類
出典）Krueger(1999)

因するという考え方は現在では否定されている。内在化障害の代表例としてのうつ病や外在化障害の代表例としての行為障害は、社会－認知メカニズムによって、その発達・発症プロセスが説明されている(Dodge, 1993)。

あ る程度、機序が明確なものに関しては、心理療法の治療効果に関するエビデンスが蓄積され、2010年にうつ病に対する認知行動療法、2016年にはパニック障害、社会不安障害、強迫性障害、PTSDに対する認知行動療法が保険点数化された。

7-4 精神医学の現在

(1) パーソナリティの健康と病理の連続性

パーソナリティ心理学は、主として正常なパーソナリティを研究の対象として、特性論による個人差を捉える研究を行ってきた。一方、臨床心理学や精神医学では、主としてパーソナリティの病理を研究の対象として、カテゴリーを重視して類型的に疾患を捉えてきた。しかし最近では、パーソナリティ心理学研究や臨床心理学研究、精神医学研究においても、健常と病理の連続性を仮定した非臨床群を対象としたアナログ研究は活発になってきた。その具体例としては、シャイネスから対人不安や社会不安障害、抑うつからうつ病、心配症から全般性不安障害、統合失調型パーソナリティから統合失調症である。DSM-5において、統合失調症スペクトラムや自閉症スペクトラム障害という用語が使用されている(図7・4)。

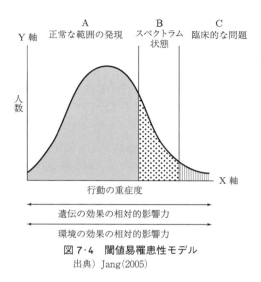

図 7・4　閾値易罹患性モデル
出典）Jang(2005)

(2) 人格の正常性と異常性の心理アセスメント

　パーソナリティの正常性を支える条件には，現実の適切な認識，行動のコントロール可能性，自尊感情と受容，他者との情緒的関係形成力，活動の生産性がある。これらの特性が，変化し維持できなくなってきたという自覚がある，あるいは本人の自覚はないが，他者との関係性がとれない，社会不適応の状況になったときには，臨床心理学的精神医学的アセスメントが必要になる。

　正常性と異常性の心理アセスメントは 2-1 節で述べたように 4 つの基準からなる。まず「量的異常」（「平均値」からのズレと偏りを示す）と，次に「質的異常」（所属する文化の「価値基準」から逸脱する。その人を取り巻く環境にどの程度「適応」しているか，社会的機能を阻害する「疾患」があるかないかをみていく。これらを

総合すると，精神医学者の木村敏が表現する"多数者正常の法則"（木村，1973）がみえてくる。

(3) 臨床心理学的・精神医学的アセスメント

DSM（精神疾患の分類と診断の手引き; Diagnostic and Statistical Manual of Mental Disease）は，アメリカ精神医学会が，学問的研究を促進し，治療のガイドラインを提供する目的で作成された。DSM－Ⅳ－TR は，多軸診断システム（Ⅰ軸　精神症状，Ⅱ軸　パーソナリティ（人格障害・知能），Ⅲ軸　身体症状（ICD-10 による），Ⅳ軸　心理社会的・環境要因（ストレス等），Ⅴ軸　全体的機能の評定）を導入して一人の患者を総合的に理解しようとした。第Ⅱ軸に取り上げられたパーソナリティは，変動の可能性が少ないが，治療経過や社会適応に影響を及ぼす特性として取り上げられている。具体的な診断名は，パーソナリティ障害と知的障害（精神発達遅滞）となる。

その後改訂された DSM-5 では，パーソナリティの機能の構成要素を，自己領域（同一性と自己志向性）と対人関係領域（共感性と親密さ）の4要素に分類し，それぞれ機能障害のレベルを 0（機能障害がほとんどない，またはない），1（いくらかの機能障害），2（中等度の機能障害），3（重度の機能障害）で評定している。これらは人格障害のカテゴリー別に，特性論的に評定するものである。さらに DSM-5 では，病理的パーソナリティを，否定的特性領域と肯定的特性領域で対になる 5 特性（否定的感情―情動的安定性，離脱―外向，対立―同調，脱抑制―誠実性，および精神病性―透明性）を挙げている。この考え方は，特性論のビッグ 5 の考え方に非常に近く，影響を受けているといえよう。

7-5 パーソナリティ障害

(1) パーソナリティ障害とは

パーソナリティ障害は，DSM-5では第Ⅰ軸(精神症状)ではないが，「なんとなくおかしい」として，シュナイダーによって従前精神病質と定義された人格の異常であり，「自分がその性質のために悩むもの，また社会が悩むもの」と表現された。現在まで，パーソナリティ障害を認知理論，精神分析理論，対人関係理論，愛着理論から捉える試みがある(Lenzenmegor & Clarkin, 2005)。例えば，パーソナリティ障害の基本的な認知モデルでは，もともと本人が持っている信念と仮定を通して，刺激を歪めて知覚することで，自動思考が活性化し，情動反応と行動反応が起こると考えた。

一部のパーソナリティ障害と発達障害には発達的な連続性が指摘されている。例えば，反応性愛着障害が青年期以降に境界性パーソナリティ障害へ，自閉症スペクトラム障害が分裂病質パーソナリティ障害へ，注意欠陥多動性障害の一部が発展して反抗挑戦性障害に，思春期以降では行為障害等にさらに発展し非行に至り，さらに青年期以降では反社会性パーソナリティ障害となるリスクが指摘されている。

(2) パーソナリティ障害の種類と病跡学

DSMではパーソナリティ障害は，クラスターA, B, Cの3カテゴリー，10サブタイプに分類されている(図7・5)。

a. クラスターA:言動が奇妙で風変わりなカテゴリーで，妄想性，シゾイド，統合失調型の3つのサブタイプがある。

①妄想性(猜疑性)パーソナリティ障害　妄想性パーソナリティ障害の特徴は，他者の誠実さや信頼を不当に疑い，敵意があるか裏切りはないかを詳細に調べ，自分の情報は他者に利用されるかもしれないので開示しない。また，他者から軽く軽蔑されただけで強い敵意を持ち，逆襲する。この点は，反社会性パーソナリティ障害との鑑別が必要になる。反社会性パーソナリティ障害は「自分の快や利益のために」反社会的な行動に出る。一方で，妄想性パーソナリティ障害は「自分に害を与えることに対する復讐」がその動機になる。

②分裂病質(シゾイド)パーソナリティ障害　分裂病質パーソナリティ障害は，他者との親密交流を求めず，家族など数人の交流を持つ程度で，一人でいることを好む。喜びなど情緒的高まりを好まず，感情表出も乏しい。他者からの評価には無関心であるため，発達的には児童期や青年期に変わっているといじめの対象になることがある。コンピュータや数理的なゲーム，抽象的な課題を好み，そのエピソードについてはよく話す。

③統合失調型パーソナリティ障害　統合失調型パーソナリティは認知的歪曲と対人スキルの欠如から親密な関係を形成することができない。奇異な信念や魔術的思考を持ち，極端に迷信深く，自分が予知能力，他の人には見えない他者とコミュニケーションができる，あるいは他者の考えを読み取るテレパシー能力を持っていると信じている。関係念慮を示すこともある。自分が注目されたり慣れない人がいる場では孤立したり，社交不安を抱く。幼少期や児童期には，自閉症スペクトラム障害や言語コミュニケーション障害と診断された可能性がある。その他のパーソナリティ障害に比べ，比較的安定した経過をたどる。

b. クラスターB：劇的で感情的で移り気なカテゴリーで，反社会

性，境界性，演技性，自己愛性の4つのサブタイプに分けられる。

①反社会性パーソナリティ障害 反社会的パーソナリティ障害は，共感能力に乏しく，他者の感情や権利を無視し，災難に対しても冷笑的である。口先は流暢，狡猾で，一見魅力的だが，付き合うと傲慢で，一貫して責任感がなく，親としても配偶者としても約束は守らない。虚偽の報告や証拠の捏造もためらわずに行う。男性患者は物質使用障害を，女性は心身症を併発していることが多い。40歳以降は暴力につながる攻撃性は弱まる。

②境界性パーソナリティ障害 境界性パーソナリティは，対人関係，自己像，および感情の不安定さと衝動的な行動に特徴づけられる。理想化とこきおろしに現れる不安定な対人関係，顕著で持続的に不安定な自己像，自己を傷つける可能性のある衝動性で少なくとも2領域にわたるもの（浪費，性行為，物質乱用，無謀な運転，むちゃ食い）で，自殺行動に及ぶ者は8～10%にのぼり，身近な他者に対して自殺のそぶり，脅し，自傷行為を頻繁に示す。感情は不安定性で，不適切で激しい怒りと慢性的な空虚感を示す。一過性の妄想性観念または重篤な解離症状を合併する場合もある。女性に多く（75%），30代，40代以降は社会的機能が安定してくる。このような不安定さが生ずる原因の1つとして，愛着理論では「小児期における親の喪失」と考えている。そのため，現実にまた想像の中で見捨てられようとすることを避けようとする必死の努力を行っていると解釈する。境界性パーソナリティは「青年期の一過性の同一性の問題」とは区別する必要があり，不安障害の経過中にのみ起こるものではない。

③演技性パーソナリティ障害 演技性パーソナリティ障害は，過度の情動性と，他者の注意を自分に引き付けようとする行動が中心

である。注目の的になり続けるために，自ら騒動を引き起こすこともしばしばある。外見は不適切なほどに性的で誘惑的で，髪型や化粧を使用して外見を整えるために時間，労力，費用を費やし，他者に対しても過剰なお世辞や贈り物をする。話し方は，印象的だが具体的に詳細を欠いている。被暗示性が高く，人別や状況別に役割を演じるので，親密な対人関係を結ぶことは少ない。

④自己愛性パーソナリティ障害　自己愛性パーソナリティ障害は，自己を誇大に捉え，他者から賞賛されたい欲求が強すぎる特徴を示す。自分は完璧で，才能あふれているので重要な価値を持っており，他者も同じように自分を評価してくれると思い込んでいる。したがって，思ったように他者から評価されないと非常に失望する。自尊心を高めるために評価してくれる人を高める方略を用いる。すなわち，自分は地位の高い特別な一流の人々にだけ評価され，よって普通の人には自分のことを理解できないと考える。一方で，共感性は欠如し，他者に自己への過剰な賛美だけを求め，自分以外の人への賞賛や達成は認めず，こき下ろす。加齢につきものの身体的，職業上の限界がきたときにうまく適応できない。

B群は合併診断が多いが，鑑別診断をするときにはそれぞれの中心的特性を考えるとよい。すなわち，反社会性パーソナリティ障害は無慈悲で利己的，境界性パーソナリティ障害は不安定で要求がましい，演技性パーソナリティ障害は誘惑的，自己愛性パーソナリティ障害は誇大性と攻撃性の乏しさである。

c. **クラスターC**：不安・心配が目立つカテゴリーで，回避性，依存性，強迫性の３つのサブタイプに分けられる。

①回避性パーソナリティ障害　回避性パーソナリティ障害は，社会的な活動とそれへの否定的評価に対する過敏性が中心的特徴で

ある。「恥」の感覚が強く，親密な対人関係を形成したいという欲求が強すぎるために，社会的活動を回避してしまう。つまり，危険を避けるのである。具体的には，就職の面接を避ける，昇進を断る，補助業務を選ぶ，話かけるのをためらう，親しい気持ちを控える，目立たないようにふるまうなどであり，これらは，異文化受容の時のみ起こるものではない。

②依存性パーソナリティ障害　依存性パーソナリティ障害は，自分の面倒を他者にみてもらいたいという過剰な欲求があり，そのための従属的服従的でしがみつく行動と分離不安を示す。依存的で従属的服従的な行動は他者からの面倒見を引き出すためのものであり，依存する対象は親か配偶者など特定の1人の他者で，責任をとってもらおうとする。その特定の他者には反対意見を言わず，たとえDVの状況にあっても耐え，わざと自分を馬鹿だと表現する。なぜなら，自分が有能になることは自立することにつながるため恐怖なのである。一人になることを避けるために重要な他者にぴったりとくっつく反面，破局するとすぐに他の人を見つける。

③強迫性パーソナリティ障害　強迫性パーソナリティ障害は，硬直した完璧主義と固執に特徴づけられる。柔軟性，開放性，効率性が犠牲にされたやり方をとるため，活動の主要点が見失われるまでに，規則，細目，手順，一覧表，予約を決めるが，完全ではないので締切に遅れる。自己同一性を課題達成や生産性によって定義づけるため，自己否定感が強い。道徳倫理に過剰に誠実で，融通がきかない。自分にも他人にも厳しく，人に仕事を任せられない。他者と親密な関係を持つことより仕事を優先する。がらくたも捨てられないが，極端な場合には強迫性障害のためこみと合併診断をする。

(3) 投映法によるパーソナリティ障害の査定の試み

先述のパーソナリティ障害は，精神医学的アセスメントに基づき診断されているが，馬場（1997）は，投映法によってもその特徴が表れていると考えている。例えば，強迫性傾向は，TATでは人物の外見的特徴にこだわるがストーリーは展開しにくく，結末がなかなか決められない。SCTでは客観的事実を述べ，個人的な葛藤はあまり述べず，述べる場合にも他人事のように冷静に語り，まわりくどい。また，自己顕示傾向は，ロールシャッハテストでは色彩や陰影に敏感に反応し，SCTでは自分が個性的で目立つ存在であること，敏感で傷つきやすいことを印象づけるような記述や辛い状況のときは質問に対して悲劇の主人公のように語る。また，境界性パーソナリティ傾向は，ロールシャッハテストでは，反応のスコアリングシートから異質なものが寄せ集められたような印象を受ける。SCTでは，表面的で常識的な記述にとどまる。文脈や文体に乱れはない。さらに，妄想性傾向は，TATでは作話反応，作話的結合などの逸脱的言語表現が多くみられ，SCTは境界性パーソナリティ傾向と同様，表面的で控えめな表現に終始する。自己愛傾向は，明確な特徴は出ないものの，SCTでは自己愛の傷つきやすさの言語表現が出てくる。

(4) 各パーソナリティ障害の発症率

各パーソナリティ障害の発症率を（図7・5）に示した。境界性パーソナリティが4％と最も多く，統合失調型パーソナリティ障害，境界性パーソナリティ障害，演技性パーソナリティ障害，依存性パーソナリティ障害が2％と続く。現代の青年を読み解くキーワードに「自己愛」があるが，病理的なレベルは少ない。

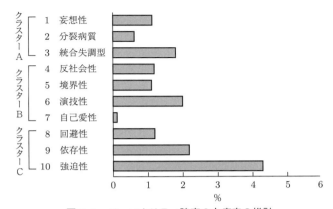

図 7・5 パーソナリティ障害の有病率の推計
出典) Mattia & Zimmerman (2001)を改変

◖ま と め◗
☐ パーソナリティ心理学と関連のある学問分野との接点について，代表的なものを取り上げた．具体的にはパーソナリティの文化適応を扱う文化人類学の分野，パーソナリティの病理を生物心理社会モデル（bio-psycho-social model）扱う精神病理学から精神医学までを紹介した．

◖より進んだ学習のための読書案内◗
安藤寿康（2012）．『遺伝子の不都合な真実―すべての能力は遺伝である』筑摩書房
　　☞センセーショナルなタイトルであるが，本書を読んだ方はあらゆるパーソナリティ特性に遺伝が多かれ少なかれ影響していることはすでに理解していると思う．そうなると教育の効果はどこにあるかについて悩んできた著者が書いた新書である．
松本雅彦（2015）．『日本の精神医学この五〇年』みすず書房
　　☞日本における精神病理学の衰退と新しい精神医学の登場について見つめてきた著者による精神医療の歴史を振り返る書．

8章

パーソナリティ心理学の統合に向けて

分析レベル，三層構造，標準化と個性化

◀キーワード▶
気質性格特性，特徴的適応，生活物語，ミシェルのCAPS，クロニンジャーの7次元モデル，精神病理，ポジティブ心理学，気になる子どもたち

●●● 8-1 ●●●

性格のビッグセオリーの統合：
人間性の全体像

　科学的研究，データに基づいて分析的に研究している心理学にあって，パーソナリティ心理学は唯一，分析と同時に**人間性の全体像**の解明を目的の1つとしている(McAdams, 2006)。また，パーソナリティ心理学は臨床心理学，社会心理学，教育心理学等の心理学諸領域のクロスロード(十字路)に位置し，心理学に限らず隣接諸科学を含めて交流し，人間科学(human sciences)の知見を絶えず総合・統合しようとしている(杉山, 2004)。

　パーソナリティ研究者の多くは，人間性の全体像ないし総合・統

表8·1 パーソナリティの3レベル

レベル	定義	例
気質性格特性	行動，思考と感情の恐らく内的で，包括的で，安定した個人差を説明するパーソナリティの広い次元。特性は，異なる状況における，通時間的一貫性を示す個人的機能。	支配性 抑うつ傾向 几帳面さ
特徴的な適応	動機や認知による，発達課題への個人的適応を述べるパーソナリティのファセット。特徴的な適応は，通常，ある時，場所，状況ないし社会的役割の文脈で説明される。	目標，動機と生活設計 宗教的な価値と信念 認知スキーマ 心理・社会的発達段階 発達課題
生活物語	現在・過去・未来を統合して，生活に一体感，目的と意味を与えるよう構成される，内在的に展開している自己物語。生活物語は―特に現代の成人期に特徴的な問題である―パーソナリティのアイデンティティと統合の問題に取り組む。	最初期の記憶 児童期の再構成 将来の自己の予想 「貧しい身からの出世」物語

出典) McAdams (2006)

合の視点から，人間性を3つのレベルまたは**三層構造**として捉えている(例えば，McAdams, 2006；Larsen & Buss, 2014；Cook, 2013；榎本・安藤・堀毛, 2009)。マックアダムス(McAdams, D.P.)は，人，人間性と文化を論じる中で，複雑な全体としての人間一人ひとりを理解するために，**表8·1**に示すような3レベルからなるパーソナリティの全体像を作成している。また，マックアダムスらは「新ビッグ5：パーソナリティの統合科学に向けた基礎的原理」と名づけた論文(McAdams & Pals, 2006)で，パーソナリティの3レベルに「進化過程で獲得した人間性の全体的デザイン」と「意味体系と実践からなる文化」を加えたパーソナリティ心理学の5つの原理について述べ，**図8·1**に示すような概念図を呈示している。表と図から，パ

8-1 性格のビッグセオリーの統合：人間性の全体像

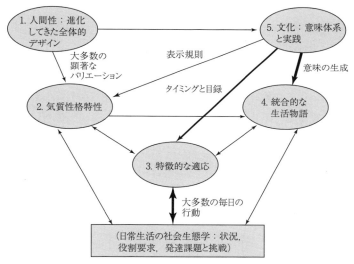

図 8·1　パーソナリティ心理学の 5 つの原理（概念図）
出典）McAdams & Pale（2006）

ーソナリティは個人の行動のアウトラインを素描する**気質性格特性**，他者と比較しての個性の詳細を記している特徴的で個性的な適応，時代や文化を背景とした個人生活の意味についての語りからなる統合的な**生活物語**の 3 レベルとして全体像を示している。これに，進化過程で獲得した全体的デザインとしての人間性が，気質性格特性と文化に影響を及ぼし，他方，文化は意味体系の生成と実践を通じて，生活物語の「意味の生成」に強い影響を及ぼしている。また，特徴的な適応に「タイミングと文化の目録」を通じて中位に影響し，気質性格特性に「表示規則」を通じて弱く影響しているとしている。

同様に，バスらもパーソナリティ心理学（Larsen & Buss, 2014）の

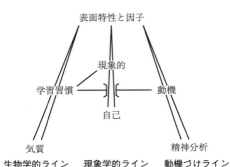

図 8·2 パーソナリティの表層と移動する 3 ライン
出典) Cook (2013)

中で,性格心理学への入門と名づけた最初の章において,性格分析の 3 レベルの表を示している。そこでは,クラックホーン (Kluckhohn, C.) とマレー (Murray, H.A.) を引用しながら,人間全体が似ている普遍的概念としての「人間性」(例えば,所属欲求,愛する能力),一部の人と他の人が違っている「個人差と集団差」(例えば,所属欲求のバリエーション(個人差),男性は女性より身体的に攻撃的(集団差)),我々が他のどの人間とも違っているやり方としての「一人ひとりのユニークさ」(例えば,レティシャの愛情表現のユニークな方法,ジョンの攻撃性を表出する独特な方法)を例示して,パーソナリティ心理学者は 3 レベルでの分析のすべてに関心を持つべきだとしている。

また,クック (Cook, M.) もその著 "*Levels of Personality* (3rd Ed.)" で性格理解が混乱を招く理由の 1 つは,異なる性格理論の豊富さに加えて,性格理論が「性格査定 (assessment)」,「治療」,「理論構成」等,それぞれが異なる目標を持って研究されているからだとしている。クックは図 8·2 に示すように,過去の行動を要約して将

8-1 性格のビッグセオリーの統合：人間性の全体像

来の行動を予測する特性ないし要因理論に関わる「表面特性と因子」を一番上に置き，その下に，学習習慣としてのパーソナリティ・モデルである「生物学的ライン」を取り上げ，パーソナリティの発達形成に研究が集中しているが，背景に気質があり，幼児の気質と神経系や遺伝と進化に関わるとしている。人間が世界をみる方法を意味し，パーソナリティの構造や発達よりも心理治療やカウンセリングの起源となっている「現象学的ライン」は自分自身をどのようにみるかの自己理論や自尊心に関わっている。最後に，生活体の生存を保障する飢えや渇きから，身体的な根拠をもたない社交好き，攻撃性，貪欲さなどの動機に関わる「動機づけライン」がある。このラインに位置づけられる精神分析の影響は心理学を離れて，文芸批評，社会哲学，形而上学に及ぶとしている。以上，3本のラインが図に描かれている。さらに，生物学的ラインで形成された学習習慣から現象学的ラインと動機づけラインへの2つの移行ラインがモデルには記入されている。クックは本の最後で，攻撃性，性的男女差，レジリエンス，パーソナリティ障害，パーソナリティと職場の5つの論点から3ラインの特徴や成果を相互に比較している。

　上記の3レベルないし三層構造は，理論志向というよりは日常的有用性に基づいて，**人間性の全体像**を把握するための多様で豊かな視点の大枠を示している。ここから人間性の全体像を俯瞰できるであろう。例えば，自分がどの抽象レベルで人間を問題にしているのか。何が目的で何のためにパーソナリティを問題にしているのかを問うことによって，自らの問いの位置づけが可能であろう。ここでは，あまり前面に出ていないが，パーソナリティの形成／獲得や変化にかかわる要因も示されている。性格の形成・発達の視点からは，4章や6章で述べているように，発達ステージによって要因の重み

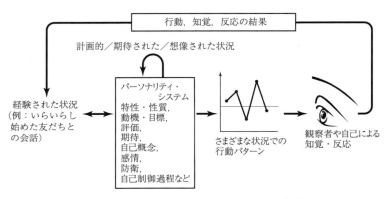

図 8・3 パーソナリティ・システムとその文脈
出典）ミシェル・ショウダ・アイダック（2010）

が変わるので，発達のどの時期に，いかなる経験をしてきたかを問うことになろう。

以上の 3 レベルで把握する標準的な整理枠組みに加えて，現代のパーソナリティ研究の個性的で有力なモデルとして，①ミシェル（Mischel, W.）らは，特性・性質レベル，生物学・生理レベル，精神力動的・動機づけレベル，行動・条件づけレベル，現象学的・人間性レベル，社会的認知レベルからなる 6 アプローチの知見を背景として**認知的・感情的パーソナリティ・システム**（the Cognitive-Affective Processing System; CAPS）と名づけた生理的な情報処理モデルを取り上げている（3 章，図 3・6 参照）。ここには，CAPS のスキーマによる説明図ではなく，パーソナリティ・システムの活性化に関わる「パーソナリティ・システムとその文脈」を**図 8・3** に示す。図はパーソナリティ・システムが外的要因でも内的要因でも活性化される。外的な状況が人に及ぼす影響や力は，少なくとも部分的に人が状況

をどうとらえ符号化するのか、すなわち各個人の心理的状態に左右されると考えている。内的な状態は、その状況が個人にもたらした個人的な意味からなっている。このような相互作用における対人方略は個人のタイプと状況のタイプの両方によって影響されるとしている。次に、②精神医学者クロニンジャー(Cloninger, C.R.)の**気質と性格の7次元モデル**、③双生児法によって遺伝率の違いと環境から受ける影響をもとに、パーソナリティや知能に及ぼす遺伝(相加遺伝と非相加遺伝)と環境(共有環境と非共有環境)の影響力を分離しようとする**人間行動遺伝学**(これは行動遺伝学というより、人間行動要因分析学とでも名づけた方がよかったと思うのだが)と、人間が進化の産物なら人間性のさまざまな側面も進化してきたはずで、淘汰をうながした適応上の問題を明らかにすることで、心の発生の道筋や人間性の特徴が明らかになると考える**探索型研究**としての**進化心理学**の可能性と成果に期待している。

8-2 統合(標準化)を背景とした多様化(個性化)に向けて

　前節では、人間性の全体像の把握と、統合モデル上の各人の性格観ないし性格研究の位置づけに視点を置いた。ここでは、全体像を規則性／標準化と考えるならば、多様で個性的なパーソナリティ研究を例示して、これまで焦点を当ててこなかった研究への補いも含めて、多様なパーソナリティ研究の重要性を指摘したい。

例示1：個別事例の研究法としての自己物語

　自己物語(self-narrative)とパーソナリティはセルフ・イメージを媒介として繋がっているが、パーソナリティ研究における生活物語

レベルは個性記述的研究に位置づけられている。2章に書かれているように、量的研究法に対して質的研究法は、対象者に寄り添う研究法としての伝統がある。オールポートは『個人的記録の利用法』(1970)の中で、人間は二様式の関心と注意を持つことが可能で、1つはその経験を分類し、そこに現れる一般法則を検討すること、他の1つはその直面する個々の事件や単一の出来事に関心を持つことであるといっている。知識の**法則定立的**(nomothetic)**研究**に対して、**個性記述的**(idiographic)**研究**があり、前者が自然科学の思考様式であるのに対して、後者は歴史科学が好む方法であるが、心理学の支配的な研究傾向は法則定立的である。法則定立的な抽象化は、例えば4つの願望とか18の本能のように過度に単純化された説明を人間にもたらす。法則定立論に立った科学的研究の基準は対象の理解と予測と制御であるが、この人間性についての一般知識が個別的な知識を凌駕すると考るならば、大きなあやまちを犯すことになるとオールポートは指摘している。法則定立的な研究は、一般化によって不可避的に唯一、ないし、せいぜいごくわずかの側面を取り出さざるを得ない。その結果、普遍的な法則のやせこけた枠組みだけが残ることになる。対照的に、厳密に個性記述的研究は、パーソナリティの豊かさと多面性を維持できるとしている。

このような質的研究について、現在は日本質的心理学会があり、機関誌「質的心理学研究」を発刊している。性同一性障害のアクティングアウトなど平均値を問えない問題が扱われる。歴史性を担い一回性を生きる人間にあっては、自然科学の再現可能性の代わりに省察性(振り返り)が問われることになる。「パーソナリティ研究」「発達心理学研究」「心理臨床学研究」等にも、多くの質的研究法を用いた論文が掲載され、発達や臨床の場ではナラティブ・セラピー

が実践されている。ただし、**一事例実験デザイン**も工夫され行動療法の1技法として展開されている。また、テキスト文を統計解析する**テキストマイニング**も翻訳解析技術を背景として、実用化されている。

例示2：精神病理に関わる個人差や治療法

心理臨床やカウンセリングに際して一番気になるのは、心理学が独自の体系的な診断基準を持っていないことで、精神医学ともども、アメリカ精神医学会の診断基準であるDSMとその改訂版を利用している（熊野, 1999；宮川, 2014）。

心理学側からの心理臨床への積極的提案には、パーソナリティ心理学としてはミネソタ多面人格目録の「MMPI新日本版」の改訂作業をはじめとして、感情・気分・抑うつ・不安・人格障害等の尺度開発と臨床治療における利用がある。また、理論構成に対しては、心理学者単独というより精神科医等との連携によって孤独感やシャイネス、不安や抑うつに関連した理論化への寄与がある。非行・犯罪を含めると問題行動の内在化・外在化すなわち、過度の不安や抑うつなど、他人よりも本人に問題を生じさせるタイプと、年齢相応に状況に見合った行動のコントロールができず、周囲の大人や仲間に厄介を考えるタイプの問題行動、それに媒介過程としてのとエフォートフル・コントロールの理論化や尺度開発の研究がある。また、各種の素因ストレスモデルが提案されている。さらに、社会心理学から臨床心理学に橋を架けたといわれるソーシャル・サポート研究があり、障害へのコーピングについては、コーピングやレジリエンス理論等への寄与と尺度構成研究等がある。

ところで、社会心理学からは、コワルスキ（Kowalski, R.M.）とリアリー（Leary, M.R.）による「臨床社会心理学の進歩」（2001）があ

るが，性格研究は臨床に近すぎるためか，あるいは，性格心理学の授業では，「パーソナリティに関する諸理論」「パーソナリティ形成・発達」「測定法」「精神病理・疾患・障害」の4領域をカバーした授業は少なく，パーソナリティ心理学の全領域に精通したプロパーが少ない(酒井・大久保・鈴木・友田，2005)ためか，パーソナリティ心理学と臨床心理学のインターフェイスをまとめた新しい本は見当たらない。本書は，パーソナリティ研究と臨床心理学のかけはしに努めたが，併せて本シリーズの教養編5に『パーソナリティと臨床の心理学―次元モデルによる統合』があり，臨床的問題とパーソナリティ，精神疾患群と健常群の連続性，精神疾患の次元モデル，うつ病と不安の理論と臨床，認知行動療法をはじめとした心理療法の技法等が紹介されている。

例示3：パーソナリティが関わる現代の問題・課題

一例をあげると，今日，日本は高齢化社会，多死社会を迎えている。これに関連しては**老化**(aging；**エイジング**)に関わるパーソナリティや能力の変化，サクセスフル・エイジング，老人の知恵の活かし方と死生観の研究等がある。現代の諸問題に敏感であるためには，何よりも問題意識を持つこと，同じ問題を感じている人との交流が前提である。その上で，各種の人口統計学的データを調べ，健康や新しい老化モデル，寿命の伸張，主観的生活の質(Quality of Life; QOL)等の実態を手がかりとして考えること。対処法としてのバリヤフリーやユニバーサルデザイン，さらには福祉テクノロジーやハイテクを能力の一部に加え，失われた機能の感覚代行などについて学ぶことである。具体的には，各種の展望論文(例えば，「教育心理学年報」の該当論文)や評論論文(例えば，「心理学評論」の該当論文)等に目を通し，シンポジウムに出かけていって，手をあげて意見を

言い，質問することである。

　学生であれば，サークルや他大学との大学間交流も刺激となるであろうし，所属大学で学会が開かれた時は，アルバイトとして手伝い，学会をのぞいてみるのも刺激になる。何よりも，科学的な根拠に基づくデータが社会を動かすという**エビデンス・ベースド**な考え方，**論理的思考（クリティカル・シンキング）**を身につけることが大切である。また，「障害のある人」から「困難を抱えた一般の人」への視点の変換，すなわち，考え方のイノベーティブな転換も重要であろう。

例示4：臨床視点からポジティブ心理学への視点の転換

　かつて，「性格理解という観点から，各人の違いを認めたうえで，1人ひとりの幸福に資するような研究の手助けができればと願っている」と書いた（杉山・堀毛，1999）。この背景には，ポジティブ心理学ないし健康心理学があった。第1章の5で，オールポートの健康なパーソナリティの規準，シュルツの健康な人格，セリグマンの「どうすればもっと幸福になれるか」との発想から，臨床心理学に傾きがちな心理学を「**ポジティブ心理学**」に振り向けるべく，セリグマンのTED講演を視聴するよう紹介した。この流れには，人間性心理学と称されるマズロー（Maslow, A. H.）の動機階層構造理論があり，成長動機としての自己実現動機が根底に置かれている。また，ロジャーズはクライエントの成長可能性に基づく来談者中心療法を提唱し，これは日本のスクールカウンセリングに定着しているように思う。

　自己実現を頂点とする動機階層構造の考え方の流れには，チクセントミハイ（Csikszentmihalyi, M.）の言う**フロー体験**（flow experience）または至高体験（peak experience）がある（チクセントミ

ハイ，1996)。フロー体験は，楽しさや幸福感に関わる概念で，行うこと自体が楽しい活動に没入しているとき，その意識が流れているようだと表現されたことから名づけられた。フロー状態を測定する Flow State Scale やフロー特性を測定する Dispositional Flow Scale が開発されている。ひるがえって，学生に心理系諸学科への専攻動機を尋ねると，臨床心理学と犯罪・非行心理学への興味が双璧をなしていて，興味の方向としては他者や社会への興味より，自己指向的で自己への関心が強いようだ。自己理解を自己制御へ，そして自己効力や自己原因性の感覚を養うことを通して，ポジティブマインドを養う意識転換の必要を感じている。

例示 5：性格の形成・発達と気になる子どもたち

発達心理学では性格という用語はあまり使われず，個人差の初期値としては**気質**が使われる(菅原，1996, 2003)。赤ちゃんには個人差があり，白紙では生まれてこない。しかし気質は変わらないものではなく，養育者とのアタッチメントの中で変わりうる初期値と位置づけられている。したがって，新生児の行動検査や気質検査を行い，親子のアタッチメントや養育環境の質が分析される。親子と書いたが，親とは養育者のことで，母親に限らずきょうだいや祖父母，保育士等も含まれ，**アロマザー**(母親以外)と称されている。新生児の個性ははじめから豊かで，多くの能力を持って生まれてくる。そして母親やアロマザーと出会う。ここで個性は遺伝や養育環境(特に非共有環境)，そして子ども自身が自己形成していくことになる。このような出会いや養育環境が好ましい場合には問題は現れないが，養育放棄や児童虐待などの養育環境が好ましくない場合や，また，子ども自身に障害がある場合は，問題が顕在化しやすい。子どもの障害の影響を軽減し，未然に防ぐことも可能な例として，フェ

ニールケトン尿症が知られている。しかし、多くの場合、子どもの障害を受け入れ、生涯に渡って付き合う選択も出てこよう。

乳幼児等の子どもの障害は診断がつき難く、何よりも障害や病理につながっているだけでなく正常発達とも連続性を持っている。指しゃぶり、おねしょ、ことばや排泄の遅れ、噛みつき、多動等の微症状を示す子ども達を保育や養育場面では**「気になる子どもたち」**と称して、経過観察し、見守り、必要な対処を養育者間で共有していくことになる。ここでは素因ストレスモデルや子どもの貧困と要因連鎖、そして子どもの発達や保育の質に関わる各種データの理解が必要となる。

例示6：動物の性格理解

人と動物の共生を計るために性格心理学は何ができるか。イヌを例に挙げると、先に、1章の1-6節で、盲導犬の育種学について触れたが、人にとってイヌは、作業犬(警察犬、麻薬捜査犬、災害救助犬)や盲導犬、聴導犬、介助犬として活躍するとともに、愛玩犬や伴侶犬、またアニマルセラピー(動物介在療法)などで活躍する等、ヒトとイヌの結びつきは長くかつ深い(村山, 2012)。選抜によって犬種ごとに異なる性格が形成されていて、犬種間の比較の結果、「反応性」「攻撃性」「訓練性能」「恐怖症」に分類され、個体差と遺伝子の関連の分析が進みつつあるようだ。特に訓練犬のラブラドールレトリーバーについては、活動性や集中力からなる「作業意欲」と、他犬への攻撃性の低さや服従性などが含まれる「しつけ」が盲導犬の合否に影響し、伴侶犬についても研究が進んでいる。イヌをはじめとする**家畜化**の様相が明らかとなり、イヌとは何か、家畜とは何かを知ることにつながっている。ヒトとイヌ双方にとって居心地のよい未来を築くには、イヌの個性をよく知ることが重要になる。ま

たヒトとイヌの関係は，国や文化によって大きく異なり，時代による変化を続けている。

動物行動にみられる個体差の問題を領域横断的に理解しようとすると，心理学研究はヒトのパーソナリティ研究の伝統的な理論と手法を援用して動物の性格の測定や記述の面で知見を提供しているが，生物学的研究は行動シンドロームという新たな性格概念を導入し，動物の性格を進化と適応の観点から理解しようと試みているようだ（今野・長谷川・村山, 2014）。

例示7：パーソナリティ研究と隣接諸科学との連携，その他

パーソナリティ心理学の個性的研究ないし現実問題とつながった研究をいくつか見てきた。一番感じることは，パーソナリティ研究に限らず，隣接諸科学とのつながりが強く，連携しての研究がほとんどである。大学における総合科目授業のように，問題・課題中心に授業を進め，その解決に向けて諸科学が連携することになる。同時に，性格心理学のプロパーとしては性格独自の研究領域と社会への還元につながる研究を志していく必要があろう。先ずは，8章の冒頭で述べた人間性の全体像の心理学を定着させることが不可欠と考えている。

◀まとめ▶

☐ 性格心理学プロパーの研究テーマの1つに，人間性の全体像を捉えるというテーマがあり，気質性格特性，特徴的な適応，生活物語の3レベルの統合として説明した。
☐ 全体的な把握が共通化，標準化であるならば，他方に個性化があり，個性的研究の大切さについて，自己物語，パーソナリティが関わる課題への敏感さ，気になる子どもたち，動物の性格理解などを例として挙げた。

◀より進んだ学習のための読書案内▶

McAdams, D. P., & Pals, J. L. (2006). A New Big Five: Fundamental Principles for an Integrative Science of Personality. *American Psychologist*, **61**(3), 204-217.
  ☞人間性の全体像についての適切な日本語の本がない。この論文は人間性理解の5大原理について書かれ，パーソナリティの3レベルの表と5つの原理の相互関係の図が掲載されている。

菅原ますみ(2003).『個性はどう育つか』大修館書店
  ☞子どもの個性について，性格の初期値で，変化するものとしての気質を取り上げ，性格の形成・発達について平易にまとめている。

あ と が き

　本書は杉山と松田が4章ずつ分担して執筆した。まえがきで，本書の特色として，① 幅広くパーソナリティ研究の基礎と到達点までを紹介する。② パーソナリティの知識や利用スキルだけでなく，パーソナリティが関わる現代の問題を一緒に考えていく。③ パーソナリティの応用・展開場面として臨床，家庭生活，仕事を想定している，と書いた。執筆の方向性としては間違っていないし，今，最も必要とされていると考えているが，書き終わってみてそれが満たされているかは，心許ない限りである。

　まず，応用・展開場面としての臨床については，パーソナリティ心理学と臨床心理学のインターフェースを意識して記述し，最新の知見については4章を中心として記したが如何であろうか。

　杉山が学生の頃，心理学はマイナーな学問で心理学を専攻することは，すなわち，食べて行けない（就職先が見つからない）ことを意味していた。今は仕事との結びつきが高校生の学科専攻の際に求められる時代であるが，当時の私は大学に入り，基礎的な動物実験・学習実験に魅せられた。他大学にもお邪魔して，実験装置の配線図を写させて頂き，秋葉原でパーツを買って装置を組み立てていた。アメリカの文献を見ると，日曜日の実験が欠けていて日曜日は安息日だから実験をしないとは後で知り，驚きだった。Hull, C.L.の理論のスケールの大きさ，構成概念の精緻さ，予測値と実験データの当

てはまりの良さに度肝を抜かれた。大学の助手を経て，障害児・者関係の国立研究所に赴任して状況は一変した。障害児が教育相談に訪れ，具体的な問題の解決を迫る親子に直面した。動物と重症心身障害児とでは，当然ながら，問題の重さが違う。障害児を囲む家庭や地域と利用できる資源が一人ひとり違い，何よりも障害児である我が子をありのまま受け入れている親と受け入れかねている親との違いは鮮明だった。

　この辺から，多様性とは個人差とは，また，人間性をどう捉えたらいいのか，異なる多様な人間性モデルの相互理解や統合について考えるようになっていった。その後大学に勤務するようになり，障害児教育のもう一方の主体である健常児が持つ「障害児に対する態度調査」から，利他行動，共感性，観察学習，大学生活の QOL に興味を持つ一方で，人間性モデルのメタ分析を通じてパーソナリティ心理学に関わっている。

　松田が大学入学した頃は，大学バブルの中すでに心理学は人気の学問であった。高校の頃から異常行動の原因に関心があって心理学を目指し，早その道を 20 年以上歩んでいることになる。大学に入学し，心理学の実証性を求めて工夫するトレーニングを受け，臨床心理学分野でも行動療法および認知行動療法に関心をもったのは自然な流れであった。学部の人格心理学は，発達心理学者の故藤永保先生（お茶の水女子大学名誉教授）の，また大学院の人格心理学特論は，臨床心理学者の春日喬先生（お茶の水女子大学名誉教授）の講義を受けた。学部生の頃は，パーソナリティの個人差と行動の選択に関心があった。大学院生になると，大学や心療内科での心理相談，自治体での発達相談の経験を積ませていただき，パーソナリティの遺伝的に規定されている特徴とパーソナリティの変容可能性に

あとがき

関心が生まれた。大学教員となってからは，学生や大学院生の教育の傍ら，学生相談業務，現在は産業臨床での心理相談や心理アセスメント業務，および特別支援学校での保護者向けの心理相談，教員へのコンサルテーション業務に関わって今に至り，パーソナリティの多様性を許容する対人環境づくりに関心が広がった。パーソナリティの心理学的理解は，すなわち人間性のモデルを捉えることにつながると実感している。

　本書がさまざまなキャリアパスを積もうとしている読者に，なにがしら役立てば幸いである。

　最後に，本書の刊行まで，温かく見守り，また粘り強く励ましてくださった，培風館の近藤妙子氏に心からお礼を申し上げる。

　2016年8月

杉山　憲司・松田　英子

引用文献

【1章の引用文献】

Allport, G. W. (1937). *Personality: A Psychological Interpretations*. Henry Holt and Company.(詫摩武俊・青木孝悦・近藤由紀子・堀 正(訳)(1982). パーソナリティ―心理学的解釈 新曜社)

アントノフスキー, A./山崎喜比古・吉井清子(監訳)(1987/2001). 健康の謎を解く―ストレス対処と健康維持のメカニズム 有信堂

Arata, S. et al. (2008). Sequences of Canine Glutamate Decarboxylase (GAD) 1 and GAD2 Genes, and Variation of their Genetic Polymorphisms among Five Dog Breeds. *J. Vet. Med. Sci.*, **70**(10), 1107-1110.

バッキンガム, M.・ドナルド・O. クリフトン/田口俊樹(訳)(2001). さあ, 才能(じぶん)に目覚めよう―あなたの5つの強みを見出し, 活かす 日本経済新聞出版社

クーン, T./中山 茂(訳)(1971). 科学革命の構造 みすず書房

藤永 保(1991). 思想と人格―人格心理学への途 筑摩書房

藤永 保(2015). パーソナリティと人格 日本パーソナリティ心理学会20年誌編纂委員会(編)日本パーソナリティ心理学会20年誌 福村出版 pp.90-91.

フロイト, S./懸田克躬・小此木啓吾(他訳)(1974). ヒステリー研究 アンナ・Oの症例を含む(フロイト著作集 7) 人文書院

Furnham, A. F. (1988). *Lay Theories: Everyday Understanding of Problems in the Social Sciences*. Pergamon Press.(細江達郎(監訳)(1992). しろうと理論―日常性の社会心理学 北大路書房)

ガードナー, H./松村暢隆(訳)(2001). MI：個性を生かす多重知能の理論 新曜社

堀毛一也(2010). ポジティブ心理学の展開 現代のエスプリ No.512, 至文堂 pp5-27.

星野 命(2004). 流動する社会・文化とパーソナリティの発展的変容(仮説的展望). パーソナリティ研究, **13**(1), 116-119.

今田 寛(2012). 北米の心理学教育 日本心理学会心理学教育研究会(編) 心理学教育の視点とスキル ナカニシヤ出版 pp.9-16.

北村晴朗(2001). 全人的心理学―仏教理論に学ぶ 東北大学出版会

小泉英明(2004).「新・人間学」を求めて―自然科学と社会科学の架橋・融合 学術の動向2 Special Future 特集 pp.32-45.

Matsumoto, D., Kudoh, T., & Takeuchi, S. (1996). Changing patterns of individualism and collectivism in the United States and Japan. *Culture & Psychology*, **2**, 77-107.

McAdams, D. P. (2006). *The Person: A New Introduction to Personality Psychology*. 4th ed. John Wiley & Sons.

マクナミー, S.・ガーゲン, K.J./野口裕二・野村直樹(訳)(1992/1998). ナラティヴ・セラピー――社会構成主義の実践 金剛出版

Mischel, W., Shoda, Y., & Ayduk, O. (2007). *Introduction to Personality - Toward an Integrative Science of the Person*. 8th Ed. John Wiley & Sons, Inc. (ミシェル, W.・ショウダ, Y.・アイダック, O./黒沢 香・原島雅之(監訳)(2010). パーソナリテ

ィ心理学―全体としての人間の理解　培風館)
三原武司(2010)．再帰性の起源としてのミラーニューロン―ギデンズ社会理論の生物学的根拠．年報社会学論集，**23**, 165-175.
箕浦康子(1990)．文化のなかの子ども　東京大学出版会
村椿智彦・富家直明・坂野雄二 (2010)．実証的臨床心理学教育における科学者実践家モデル．北海道医療大学心理学部研究紀要，**6**, 59-68.
大平英樹(2014)．感情的意思決定を支える脳と身体の機能的関連．心理学評論，**57**(1), 98-123.
大竹恵子他(2005)．日本版生き方の原則調査票(VIA-IS:Values in Action Inventory of Strengths)作成の試み．心理学研究，**76**(5), 461-467.
小塩真司・阿部晋吾・カトローニピノ(2012)．日本語版 Ten Item Personality Inventory (TIPI-J)．パーソナリティ研究，**21**(1), 40-52.
小塩真司・中谷素之・金子一史他(2002)．資料 ネガティブな出来事からの立ち直りを導く心理的特性―精神的回復力尺度の作成．カウンセリング研究，**35**(1), 57-65.
Pervin, L. A. (2003). *The Science of Personality*. 2ed ed. Oxford.
Pinker, S. (2004). *The Blank Slate: The Modern Denial of Human Nature*. Penguin Books.(山下篤子(訳)(2004)．人間の本性を考える―心は「空白の石版」か　(上)(中)(下)　NHKブックス)
Ramachandran, V. S. (2003). *The Emerging Mind: The Reith Lectures*. Profile Books.(山下篤子(訳)(2005)．脳のなかの幽霊，ふたたび見えてきた心のしくみ　角川書店)
ロジャーズ，C. R.／友田不二男(編訳)(1966)．サイコセラピィ(ロージャズ全集3)　岩崎学術出版社
レイサム，G.／金井壽宏(監訳)(2009)．ワーク・モティベーション　NTT出版
シュルツ／上田吉一(監訳)(1982)．健康な人格―人間の可能性と七つのモデル　川島書店
島井哲志(編)(2006)．ポジティブ心理学―21世紀の心理学の可能性　ナカニシヤ出版
Snyder, C.R., & Elliott, T.R. (2005). Twenty-First Century Graduate Education in Clinical Psychology: A Four Level Matrix Model. *Journal of Clinical Psychology*, **61**(9), 1033-1054.
杉山憲司(2004)．パーソナリティの地平―自我と社会をつなぐもの．パーソナリティ研究，**13**(1), 110-112.
杉山憲司(2013)．性格心理学．藤永 保(監修)　最新心理学事典　平凡社　pp. 410-414.
杉山憲司・安永幸子(2005)．Pervinの定義によるパーソナリティ観のファセット理論による検討の試み．日本パーソナリティ心理学会発表論文集(14)pp35-36.
鈴木宏志(2009)．盲導犬の人工繁殖．日本補助犬科学研究，**3**(1), 9-16.
高野陽太郎(2008)．「集団主義」という錯覚―日本人論の思い違いとその由来　新曜社
渡邉和美・桐生正幸・高村　茂(2006)．犯罪者プロファイリング入門―行動科学と情報分析からの多様なアプローチ　北大路書房

Wegner, D. M., & Vallacher, R. R. (1977). *Implicit Psychology: An Introduction to Social Cognition*. Oxford University Press, Inc.(倉智佐一・滝野匡悦・倉盛一郎・高芝雅彦・足立京一・倉地暁美(訳)(1988). 暗黙の心理学—何が人をそうさせるのか 創元社)

Wolf, M. (2008). *Proust and the Squid: The Story and Science of the Reading Brain*. Icon Books.(小松淳子(訳)(2008). プルーストとイカ—読書は脳をどのように変えるのか? インターシフト)

ジンバルドー／古畑和孝・平井 久(訳)(1983). 現代心理学Ⅱ サイエンス社

【2章の引用文献】

安藤寿康・安藤典明 (編)(2005). 事例に学ぶ心理学者のための研究倫理 ナカニシヤ出版

Costa, P.T., & McCrea, R.R. (1980). Influence of extraversion and neuroticism on subjective well-being: happy and unhappy people. *Journal of Personality and Social Psychology*, **38**, 668-678.

Costa, P.T., & McCrea, R.R. (1988). Personality in adulthood: A six-year longitudinal study of self-reports and spouse rating on the NEO Personality Inventory. *Journal of Personality and Social Psychology*, **54**, 853-863.

福原眞知子 (2007). マイクロカウンセリング技法—事例場面から学ぶ 風間書房

川喜田二郎(1967). 発想法—創造性開発のために 中公新書

槇田 仁(編著)(2001). パーソナリティの診断総説手引 金子書房

McCrae, R.R., & Costa, P.T. (1990). *Personality' in adulthood*. New York: Guilford Press.

日本精神技術研究所(編)・外岡富彦(監修)(1975). 内田クレペリン精神検査・基礎テキスト 日本精神技術研究所

佐野勝男・槇田 仁(1972). 精研式文章完成法テスト解説 成人用 金子書房

高橋雅春・高橋依子(2003). 樹木画テスト 文教書院

上村佳代子(2005). こうして心理学は現場で嫌われる? 安藤寿康・安藤典明(編) 事例に学ぶ心理学者のための研究倫理 ナカニシヤ出版 pp58-59.

【3章の引用文献】

相場 均(1963). 性格—素質とのたたかい 中公新書

Allport, G.W., & Odbert, H.S. (1936). Trait names: A psycholexical study. *Psychological Monographs*, **47**, 211,1-117.

オールポート, G.W. (1960). ／今田 恵(監訳)(1968). 人格心理学(上・下) 誠信書房

Benson, N. et al. (2012). *The Psychology Book*. London: Doring Kindersley Limited. (小須田健(訳)(2013). 心理学大図鑑 三省堂)

Feist, J. (1985). *Theories of Personality*. New York: Holt, Rinehart and Winston.

Fruyt, F.D., Bartels, M., Ban Leeuwen, K.G., Glercq, B.D., Decuyper, M., & Mervielde, I. (2006). Five types of personality continuity in childhood and adolescence. *Journal of Personality and Social Psychology*, **91**(3), 538-552.

Mischel, W., & Shoda, Y. (1995). *A cognitive-affective system theory of personality:*

Reconceptualizing situations, dispositions, dynamics, and invariance in personality structure. Psychological Review, **102**(2), 246-268.

村上宣寛(2011). 性格のパワー——世界最先端の心理学研究でここまで解明された 日経BP社

Watson, J.B. (1913). Psychology as the behaviorist views it. *Psychological Review*, **20**(2), 158-177.

Watson, J.B. (1925). *Behaviorism*. New York: Norton. (安田一郎(訳)(1968). 行動主義の心理学 河出書房)

【4章の引用文献】

安藤寿康(2000). 心はどのように遺伝するか——双生児が語る新しい遺伝観 講談社ブルーバックス

安藤寿康(2014). 遺伝と環境の心理学——人間行動遺伝学入門(心理学の世界 専門編 18) 培風館

Bowldy, J. (1969). *Attachiment and Loss* (Vol.1-3) (黒田実郎(他訳) (1991-1995). 母子関係の理論(新版)——I愛着行動, II分離不安, III対象喪失 岩崎学術出版社)

Cosmides, L. (1989). The logic of social exchange: Has natural selection shaped how humans reason? Studies with the Wason selection task. *Cognition*, **31**, 187-276.

Cosmides, L., & Tooby, J. (1992). Cognitive Adaptations for Social Exchange. The Adapted Mind: Evolutionary psychology-and-thegeneration culture.

長谷川眞理子(2001). 進化心理学の展望. 科学哲学, **34**(2), 11-23.

ハンフリー, N./垂水雄二(訳)(1993). 内なる目——意識の進化論 紀伊國屋書店

レイコフ, G./池上嘉彦(他訳)(1993). 認知意味論——言語から見た人間の心 大修館書店 (Lakoff, G.P. (1987). *Women, Fire, and Dangerous Things: What Categories Reveal About the Mind*. University of Chicago Press)

小泉英明(2004). 「新・人間学」を求めて——自然科学と社会科学の架橋・融合 学術の動向 Special Future 特集 32-45.

Larsen, R.J., & Buss, D.M. (2002). *Personality Psychology: Domains of Knowledge about Human Nature*. McGraw-Hill.

松本直子(2013). 考古学で探る心の進化. 五百部裕・小田亮(編著) 心と行動の進化を探る——人間行動進化学入門 朝倉書店 pp.131-164.

Mithen, S. (1996). *The Prehistory of The Mind; A search for the origins of art, religion and science*. Thames and Hudson. London. (松浦俊輔・牧野美佐緒(訳) (1998). 心の先史時代 青土社)

中尾 央(2009). 心のモジュール説の新展開:その分析と二重継承説との両立可能性. 科学哲学科学史研究, **3**, 21-38.

Nettle, D. (2011). Evolutionary Perspectives on the Five-Factor Model of Personality. Cin Buss, D. M., Hawley, P. H. *The Evolution of Personality and Individual Differences*. Oxford, pp.5-28.

苧坂直行・矢追 健(2015). 実験心理学からみた機能的磁気共鳴画像法(fMRI)による脳画像解析. 基礎心理学研究, **34**(1), 184-191.

Plomin, R. (1990). *Nature snd Nurture; An Introduction to Human Behavioral Genetics*. Brooks/Cole. (安藤寿康・大木秀一(共訳)(1994). 遺伝と環境——人間行

動遺伝学入門　培風館)
杉浦元亮(2014)．脳機能マッピングから見る自己．心理学評論，**57**(3)，279-301.
豊田秀樹(1997)．共分散構造分析による行動遺伝学モデルの新展開．心理学研究，**67**(6)，464-473.

【5章の引用文献】

安藤寿康・安藤典明(編)(2011)．事例に学ぶ心理学者のための研究倫理(第2版)　ナカニシヤ出版
安香　宏・藤田宗和(編)(1997)．臨床事例から学ぶTAT解釈の実際　新曜社
ホーガン，T.P.／繁桝算男・椎名久美子・石垣琢麿(共訳)(2010)．心理テスト―理論と実践の架け橋　培風館
石井秀宗(2014)．本邦における測定・評価研究の動向―構成概念を精確に測定することの重要性の再認識を目指して　教育心理学年報　第53集　pp.70-82.
柏木繁男(1997)．性格の評価と表現―特性5因子論からのアプローチ　有斐閣ブックス
木島伸彦(2014)．クロニンジャーのパーソナリティ理論入門　北大路書房
公益社団法人日本心理学会(編)(2009)．公益社団法人日本心理学会倫理規程
MMPI新日本版研究会(編)(1993)．MMPIマニュアル　三京房
村上宣寛(2006)．心理尺度のつくり方　北大路書房
村上宣寛・村上知恵子(1999)．性格は五次元だった―性格心理学入門　培風館
日本テスト学会(編)(2007)．テスト・スタンダード―日本のテストの将来に向けて　金子書房
尾崎幸謙・荘島宏二郎(2014)．心理学のための統計学6　パーソナリティ心理学のための統計学：構造方程式モデリング　誠信書房
ロールシャッハH.／鈴木睦夫(訳)(1998)．新・完訳精神診断学　金子書房
杉山憲司・堀毛一也(編著)(1999)．性格研究の技法　福村出版
杉山憲司・安永幸子(2005)．Pervinの定義によるパーソナリティ観のファセット理論による検討の試み．日本パーソナリティ心理学会発表論文集(14)，pp35-36.
東京大学医学部心療内科TEG研究会(編)(2002)．新版TEG　解説とエゴグラム・パターン　金子書房
辻平治郎(編)(1998)．5因子性格検査の理論と実際　北大路書房
渡部　洋(編著)(1993)．心理検査法入門―正確な診断と評価のために　福村出版
渡部　洋(1996)．心理・教育のための統計学入門　金子書房
山本和郎(1992)．心理検査TATかかわり分析―ゆたかな人間理解の方法　東京大学出版会

【6章の引用文献】

American Psychiatric Association (2013). *Diagnostic and Statistical Manual of Mental Disorders*, 5th ed. Arlington: American Psychiatric Association. (日本精神神経学会(監修)高橋三郎・大野　裕(監訳)(2014). DSM-5　精神疾患の診断・統計マニュアル　医学書院)
Bartholomew, K., & Horowitz, L. M. (1991). Attachment styles among young adults: A test of a four category model. *Journal of Personality and Social Psychology*, **61**,

226-244.

Bouchard, T. J. (2004). Genetic influence on human psychological traits. *Current Directions in Psychological Science*, **13**, 148-151.

Bouchard, T.J., & Loehlin, J.C. (2001). Genes, Evolution, and Personality. *Behavior Genetics*, **31**, 243-273.

對馬淑乃・松田英子(2012). 特性シャイネス及び感情表出の制御が友人関係満足感及び友人行動量に及ぼす影響. ストレス科学研究, **27**, 55-63.

Cloninger, C.R., Svrakic, D.M., & Przybeck, T.R. (1993). A psychobiological model of temperament and character. *Archives of General Psychiatry*, **50**, 975-990.

榎本博明・桑原知子(2004). 新訂 人格心理学 放送大学教育振興会

Friedman, M., & Rosenman,R.H. (1959). Association of specific overt behavior pattern with blood and cardiovascular findings. *Journal of the American Medical Association*, **96**, 1286-1296.

福島 章(1985). 非行心理学入門 中公新書

速水敏彦(2004). 他人を見下す若者たち 講談社現代新書

速水敏彦・木野和代・高木邦子(2004). 仮想的有能感の構成概念妥当性の検討 名古屋大学大学院教育発達科学研究科紀要(心理発達科学), **51**, 1-7.

Higgins, E. T. (1987). Self-discrepancy theory: A theory relating self and affect. *Psychological Review*, **94**, 314-340.

保坂 隆・田川隆介(1993). A型行動パターンの日本的特性. 桃生寛和・早野順一郎・保坂隆・木村一博(編)タイプA行動パターン 星和書店 pp329-335.

嘉瀬貴祥・大石和男(2015). 大学生におけるタイプA行動様式および首尾一貫感覚(SOC)が抑うつ傾向に与える効果の検討. パーソナリティ研究, **24**(1), 38-48.

Loehlin, J.C., McCrea, R.R., & Costa, P.T. (1998). Heritabilities of common and measure-specific components of the big five personality factors. *Journal of Research in personality*, **32**, 431-453.

前田 聡(1993). タイプAの行動変容. 桃生寛和・早野順一郎・保坂 隆・木村一博(編) タイプA 星和書店

松田英子・岡田 斉(2016). タイプA行動パターンと夢想起の関連―夢想起の内容, 頻度, 感覚モダリティおよび感情の分析. 東洋大学21世紀ヒューマン・インタラクション・リサーチ・センター研究年報, **13**, 91-97.

村上宣寛(2011). 性格のパワー――世界最先端の心理学研究でここまで解明された 日経BP社

緒方康介(2013). 被虐待児におけるBig Fiveパーソナリティ特性の分析. パーソナリティ研究, **22**(1), 84-86.

岡田 努(2002). 現代大学生のふれあい恐怖的心性と友人関係の関連についての考察. 性格心理学研究, **10**, 69-84.

Parker, G., Tupling, H., & Brown, L.B. (1979). A Parental Bonding Instrument. *British Journal of Medical Psychology*, **52**, 1-10.

Pervin, L.A. (1996). *The science of personality*. Tronto: John Wiley & Sons, Inc.

Roberts, B.W., & Takahashi, Y. (2011). Personality trait development in adulthood: Patterns and implications. パーソナリティ研究, **20**(1), 1-10.

Rogers, C. R. (1951). Perceptual reorganization in Client-centered therapy. In R.P.

Blake & G.V. Ramsey (Eds.) *Perception: An Approach to Personality*. New York: Ronald Press. (伊藤　博(訳)(1967). パーソナリティ理論(ロージァズ全集 8) 岩崎学術出版社)

瀬戸正弘・長谷川尚子・坂野雄二・上里一郎(1997). 日本的タイプA行動評定尺度(CTS)開発の試み. カウンセリング研究, **30**, 199-206.

田附紘平(2015). アタッチメントスタイルと自己イメージの関連―20答法による探索的検討. パーソナリティ研究, **23**(3), 180-192.

Temoshok, L. (1987). Personality, coping style, emotion and cancer: Toward an integrative model. *Cancer Surveys*, **6**, 545-567.

Thomas, A., & Chess, S. (1986). The New York longitudinal study: from infancy to early adult life. In Plomin, R.& Dunn, J.(Eds.) *The study of temperament; Changes, continuities and challenges*. New Jersey: Lawrence Erlbaum Associates, Publishers.

Wolpe, J. (1969). *The practice of behavior therapy*. New York: Pergamon Press.

依田　明・飯嶋一恵(1981). 出生順位と性格. 横浜国立大学教育紀要, **21**, 117-217.

【7章の引用文献】

相場　均(1963). 性格―素質とのたたかい　中公新書

American Psychiatric Association. (2013). *Diagnostic and Statistical Manual of Mental Disorders, Fifth Edition*. Arlington: American Psychiatric Association. (日本精神神経学会(監修)高橋三郎・大野 裕(監訳)(2014). DSM-5　精神疾患の診断・統計マニュアル　医学書院)

馬場禮子(1997). 人格障害の心理検査. 成田善弘(編)人格障害　至文堂　pp.76 - 84.

Cloninger, C.R. (1986). A unified biosocial theory of personality and its role in the development of anxiety states. *Psychiatric Development*, **3**, 167-226.

Dodge, K.A. (1993). Social-cognitive mechanism in development of conduct disorder and depression. *Annual Review of Psychology*, **44**, 559-584.

原田知佳・吉澤寛之・朴賢晶・中島 誠・尾関美喜・吉田俊和(2014). 日・韓・中・米における社会的自己制御と逸脱行為との関係. パーソナリティ研究, **22**(3), 273-276.

Harlow, J. M. (1868). Recovery from the passage of an iron bar through the head. *Publications of Massachusetts Medical Society*, **2**, 327-346.

Jang, K.L.(2005) *The Behavioral Genetics of Psychopathology A Clinical Guide*. New Jersey: Lawrence Erlbaum Associates, inc. (安藤寿康・大野 裕(監訳)(2007). 疾患の行動遺伝学　何が遺伝するのか　有斐閣)

木村　敏(1973). 異常の構造　講談社現代新書

Krueger, R.F. 1999). The Structure of common mental disorders. *Archives of General Psychiatry*, **56**, 921-926.

Lenzenweger, M.F., & Clarkin, J.F. (2005). *Major Theories of Personality Disorders, second edition*. New York: Guilford Press.

Markus, H. R., & Kitayama, S. (1991). Culture and the self: Implications for cognition, emotion, and motivation. *Psychological review*, **98**(2), 224-253.

Mattia, J. I., & Zimmerman, M. (2001). Epidemiology. In W. J. Livesley (Ed.) *Handbook of Personality Disorders: Theory, Research, Treatment*. New York: Guilford Press. pp. 84-104.

佐藤涼一(2009). Kretschmer の気質タイプと Jung の心理学的タイプ—向性概念をめぐって. パーソナリティ研究, **17**(2), 223-225.

Solms, M. (1997). *This book is dedicated to the beloved memory of Douglas Leonard de Gier Solms*. Lawrence Erlbaum Associates, Inc.

植松晃子(2010). 異文化環境における民族アイデンティティの役割 —集団アイデンティティと自我アイデンティティの関係. パーソナリティ研究, **19**(1), 25-37.

若林明雄(2000). パーソナリティの類型論的アプローチによる研究— Kretschmer の気質類型論の再検討とパーソナリティ理論モデル構築の試み—心理学モノグラフ No. 30 日本心理学会

Zuckerman, M. (2005). *Psychobiology of Personality, second edition*. New York: Cambridge University Press.

【8章の引用文献】

Allport, G.W. (1942). *The Use of Personal Documents in Psychological Science*. New York; Social Science Research Council. (大場安則(訳)(1970). 心理科学における個人的記録の利用法 培風館)

チクゼントミハイ, M. ／今村浩明(訳)(1996). フロー体験—喜びの現象学 世界思想社

Cook, M. (2013). *Levels of Personality*, 3rd ed. New York; Cambridge University Press.

榎本博明・安藤寿康・堀毛一也(2009). パーソナリティ心理学—人間科学, 自然科学, 社会科学のクロスロード 有斐閣

今野晃嗣・長谷川寿一・村山美穂(2014). 動物パーソナリティ心理学と行動シンドローム研究における動物の性格概念の統合的理解. 動物心理学研究, **64**(2), 19-35.

コワルスキ, R.M. ・リアリー, M.R.(2001). 臨床社会心理学の進歩 北大路書房

小山 純・杉山憲司(2006). パーソナリティ観と性格諸尺度の関連—NEO-PI-R, TCI240, 新版 TEG の下位 R 度因子分析. 日本パーソナリティ心理学会大会発表論文集 15, 154-155.

子安増生(2001). 多重知能理論からみた近年の教育改革批判. 京都大学大学院教育学研究科紀要, 47, 28-50.

熊野宏昭(1999). 精神医学における性格研究. 杉山憲司・堀毛一也(編著)性格研究の技法 福村出版 pp.221-227.

Larsen, R.J., & Buss, D.M. (2014). *Personality Psychology: Domains of Knowledge about Human Nature*, 5th ed. New York; McGraw-Hill.

McAdams, D.P. (2006). *The Person: A New Introduction to Personality Psychology*, 4th ed. John Wiley & Sons, Inc.

McAdams, D.P., & Pals, J.L. (2006). A New Big Five: Fundamental Principles for an Integrative Science of Personality. *American Psychologist*, **61**(3), 204-217.

Mischel, W., Shoda, Y., & Ayduk, O. (2007). *Introduction to Personality Science of Person*, 8ed. John Wiley. (黒沢 香・原島雅之(監訳)(2010). パーソナリティ心理学—全体としての人間の理解 培風館)

宮川充司(2014). アメリカ精神医学会の改訂診断基準 DSM-5：精神発達障害と知的障害，自閉症スペクトラム障害　椙山女学園大学教育学部紀要，**7**, 65-78.

村山美穂(2012). イヌの性格を遺伝子から探る．動物心理学研究，**62**(1), 91-99.

酒井久美代・大久保智生・鈴木麻里子・友田貴子(2005). パーソナリティ心理学教育における問題と今後の可能性について―日本パーソナリティ心理学会会員の問題意識の抽出による検討．パーソナリティ研究，**14**(1) 113-124.

菅原ますみ(1996). 気質．青柳　肇・杉山憲司(編著)パーソナリティ形成の心理学　福村出版　pp.22-34.

菅原ますみ(2003). 個性はどう育つか　大修館書店

杉山憲司(2004). 巻頭言　パーソナリティの地平―自我と社会をつなぐもの―学会名称変更記念講演・シンポジウムを企画して．パーソナリティ研究，**13**(1), 110-112.

杉山憲司・堀毛一也(編著)(1999). 性格研究の技法　福村出版

索　引

人名索引

アイゼンク(Eysenck,H.J.)　52, 60, 124
アドラー(Adler,A.)　57
アントノフスキー(Antonovsky,A.)　11
イザード(Izard,C.E.)　31
ウォルピ(Wolpe,J.)　118
エインズワース(Ainsworth,M.D.S.)　129
エクマン(Ekman, P.)　31
エリクソン(Erikson,E.H.)　5
エリス(Ellis,A.)　119
オールポート(Allport,G.W.)　2, 11, 24, 49
ガードナー(Gardner,H.)　7, 108
ガル(Gall,F.J.)　63, 142
キャッテル(Cattel,R.)　60
ギルフォード(Guilford,J.P.)　60
クック(Cook,M.)　162
クーリー(Cooley,C.)　140
グレイ(Gray,J.A.)　144
クレッチマー(Kretschmer,E.)　62, 144
クレペリン(Krapelin,E.)　40
クロニンジャー(Cloninger,C.R.)　103, 144, 165
クーン(Kuhn,T.S.)　15
ケリー(Kelly,G.)　25
コスタ(Costa,P.T.)　102
コスミデス(Cosmides,L.)　83
ゴールドバーグ(Goldberg,L.R.)　60
ゴールトン(Galton,F.)　132

サザーランド(Sutherland,E.H.)　124
ジェームズ(James,W.)　139
シェルドン(Sheldon,W.H.)　62
ジェンセン(Jensen,A.R.)　131
シモン(Simon,Th.)　101
ジャネ(Janet,P.)　53, 113
シュテルン(Stern,W.)　131
シュナイダー(Schneider,K.)　123
シュルツ(Schultz,D.)　12
ジンバルドー(Zimbardo,P.G.)　4
スキナー(Skinner,B.F.)　51
スティーブンス(Stevens,S.S.)　62
スピッツ(Spitz,R.A.)　133
セリグマン(Seligman,M.E.P.)　12, 71, 118
ダラード(Dollard,J.)　53
チェス(Chess,S.)　144
チクセントミハイ(Csikszentmihalyi,M.)　71, 169
デュセイ(Dusay,J.M.)　103
トゥービー(Tooby,J.)　83
トマス(Thomas,A.)　144
ネトル(Nettle,D.)　86
ハサウェイ(Hathaway,S.R.)　102
パブロフ(Pavlov,I.P.)　47, 117
ハル(Hull,C.L.)　53
パールズ(Perls,S.F.)　117
ハーロー(Halow,H.F.)　133
バーン(Berne,E.)　28, 56, 103
バンデューラ(Bandura,A.)　68, 71, 118

187

ハンフリー(Humphrey, N.) 84
ヒギンス(Higgins, E.T.) 126
ビネー(Binet, A.) 101
ピンカー(Pinker, S.) 6
フェアベーン(Fairbairn, W.R.D.) 5
フランクル(Frankl, V.E.) 67, 117, 146
フリードマン(Friedman, M.) 135
フロイト(Freud, S.) 4, 54, 113
プロミン(Plomin, R.) 131
フロム(Fromm, E.) 64
ベック(Beck, A.T.) 119
ベム(Bem, D.) 25
ボウルビィ(Bowlby, J.) 51, 81, 129
ホーナイ(Horney, K.) 125
ホーランド(Holland, J.L.) 105
マクレーランド(McClelland, D.C.) 58
マズロー(Maslow, A.H.) 67, 116
マッキンリー(Mckinley, J.C.) 102

マックアダムス(McAdams, D.P.) 160
マックレー(McCrae, R.R.) 102
マレー(Murray, H.A.) 58, 104
ミシェル(Mischel, W.) 2, 20, 69, 164
ミズン(Mithen, S.) 88
ミード(Mead, G.H.) 141
ミラー(Miller, N.) 53
ミルグラム(Milgram, S.) 20
メイ(May, R.) 115
モニス(Moniz, E.) 143
ユング(Jung, C.G.) 64, 113
ルクセンブルガー(Luxenburger, J.H.) 131
レイサム(Latham, G.) 16
ロジャーズ(Rogers, C.R.) 5, 65, 115
ローゼンマン(Rosenman, R.H.) 135
ローレンツ(Lorenz, K.Z.) 50
ロンブローゾ(Lombroso, C.) 63, 122
ワトソン(Watson, J.B.) 47, 118

事項索引

◆数字・欧文
DSM-5 150
TAT 58, 104
TCI 103, 144
VPI 職業興味検査 105

◆あ 行
愛着(アタッチメント) 129
アナログ研究 148
アロマザー 170
アロマザリング 129
遺伝子多型 78, 86
遺伝説 130
遺伝的創発 80
ウェクスラー知能検査 101

内田クレペリン精神検査 40
エゴグラム性格検査 103
エビデンス・ベースド 169
親子関係 128

◆か 行
外在化障害 147
科学者・実践家モデル 16
学習 51
学習性無力感 12, 71, 118
家系研究法 132
家畜育種学 15
価値的基準 22
環境説 130
学校知能 108

索　引

観察法　29
気質　2, 52, 62, 103, 133, 170
気質性格特性　161
器質性人格変化　142
気質と性格の7次元モデル　165
基準尺度　100
基本的不安　126
鏡像自己認知　91
きょうだい関係　129
共有環境　77
組み合わせ爆発　85
継時的安定性　20
健康生成論　11
現象学的自己論　65
語彙仮説　59
構成概念　95
構造方程式モデリング　78
構造論　55
行動遺伝学　75
行動遺伝学的研究法　132
行動療法　118
交流分析　56
個性記述的接近　24, 25, 59
骨相学　63
コンピュータ利用テスト　100
コンプレックス　113

◆さ　行
作業検査法　40
散布度　97
自己　92
自己意識　84
自己効力　121
自己実現傾向　115
自己受容　66, 126
自己呈示　126
自己評価　65, 125
自己物語　165

自己理解　5
自尊感情　125
実験法　29
質問紙法　26
シャイネス　127
社会的学習理論　68
尺度水準　96
首尾一貫感覚　11
首尾一貫性　21
樹木画テスト(バウムテスト)　36
狩猟採集生活　82
状況的一貫性　69
人格の解離　111
進化心理学　81, 165
進化論　47
信頼性　26, 98
心理アセスメント　25
心理検査(心理テスト)　7
人類学　13, 139
刷り込み　51
性格　1, 103
生活物語　161
正規分布　97
精神的快復力　10
精神年齢　101
精神病質のパーソナリティ　123
精神分析療法　114
精神力動的アプローチ　54
素因ストレスモデル　10
相互作用説　131
双生児法(双生児研究)　75, 132

◆た　行
対人関係　10, 124
対人恐怖　127
対人認知　124
対人魅力　124
代表値　97

タイプA行動特性　135
タイプC行動特性　137
タイプB行動特性　135
多重知能理論　108
妥当性　26, 98
探索型研究　82
知能指数　101
通状況的一貫性　21
適応的基準　22
テストの標準化　97
テストバッテリー　27
投映法　35, 104, 156
動機論　53
統計的仮説検定　99
統計的基準　21
特性論　59

◆な　行
内在化障害　147
ナラティブセラピー　5, 28
人間行動遺伝学　165
人間-状況論争　20
人間性　1, 81, 87, 159, 162
人間性心理学　5, 65
認知考古学　88
認知行動療法　118
認知神経科学　89
認知的・感情的パーソナリティ・システム　164
認知論　68
脳イメージング　91
脳科学　6
脳機能マッピング　91

◆は　行
ハイリスク・アプローチ　24

パーソナリティ障害　151
犯罪プロファイリング　10
非共有環境　77
ビッグ5　60
ビッグ5パーソナリティ検査　102
ビネー式知能検査　101
輻輳説　130
フロー体験　169
文化的自己観　140
文章完成法テスト（SCT）　37
防衛機制　55
法則定立的接近　59
ポジティブ心理学　12, 169
ポピュレーション・アプローチ　24

◆ま　行
ミネソタ多面人格目録　102
無意識　4
面接法　31
モーズレイ性格検査　103

◆や　行
友人関係　128
養子研究法　132
4枚カード問題　83

◆ら　行
来談者中心療法　115
領域特異的　83
倫理　43, 106
類型論　61
暦年齢　101
レジリエンス　10
ロールシャッハ・テスト　104
論理的思考（クリティカル・シンキング）　169

著者略歴

杉 山 憲 司（1, 4, 5, 8 章担当）
すぎ やま けん じ

1970 年　青山学院大学大学院文学研究科心理学専攻修士課程
　　　　　修了（文学修士）
　　　　　青山学院大学文学部助手，（財）幼児開発協会，
　　　　　国立特殊教育総合研究所を経て
1978 年　東洋大学文学部専任講師
1989 年　東洋大学文学部教授
2000 年～2015 年　東洋大学社会学部教授
現　在　東洋大学名誉教授，獨協大学講師，
　　　　　NPO 法人保育：子育てアドバイザー協会理事長

主な著書
パーソナリティ形成の心理学（共著，福村出版）
性格研究の技法（共編著，福村出版）
最新 心理学事典（分担執筆，平凡社）

松 田 英 子（2, 3, 6, 7 章担当）
まつ だ えい こ

2000 年　お茶の水女子大学大学院人間文化研究科博士課程
　　　　　単位取得満期退学
　　　　　博士（人文科学）臨床心理士
2000 年　江戸川大学社会学部専任講師
2011 年～2015 年　江戸川大学社会学部教授
現　在　東洋大学社会学部教授，
　　　　　放送大学大学院文化科学研究科客員教授

主な著書
夢想起メカニズムと臨床的応用（風間書房）
夢と睡眠の心理学―認知行動療法からのアプローチ（風間書房）
図解 心理学が見る見るわかる（サンマーク出版）

© 杉山憲司・松田英子 2016

2016年10月7日 初版発行

心理学の世界 基礎編 9
パーソナリティ心理学
自己の探究と人間性の理解

著　者　杉山憲司
　　　　松田英子
発行者　山本　格

発行所　株式会社　培風館

東京都千代田区九段南4-3-12・郵便番号 102-8260
電話(03)3262-5256(代表)・振替 00140-7-44725

東港出版印刷・牧 製本

PRINTED IN JAPAN

ISBN978-4-563-05875-3 C3311